BIBLIOTHÈQUE

PORTATIVE

DU VOYAGEUR.

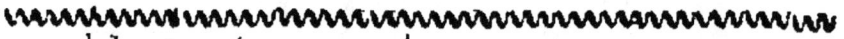

IMPRIMERIE DE C. L. F. PANCKOUCKE.

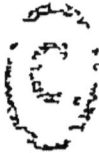

OEUVRES

DE

J. B. POQUELIN

DE MOLIÈRE.

TOME TROISIÈME.

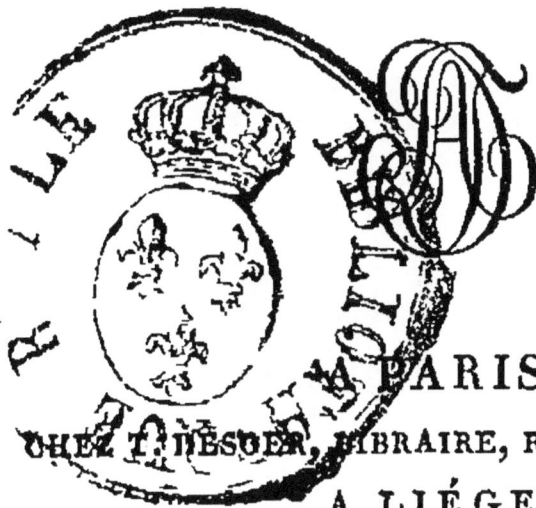

A PARIS,

CHEZ T. DESOER, LIBRAIRE, RUE POUPÉE, Nº. 7.

A LIÉGE,

CHEZ J. F. DESOER, IMPRIMEUR-LIBRAIRE.

1815.

LE MÉDECIN
MALGRÉ LUI,

COMÉDIE

EN TROIS ACTES.

1666.

PERSONNAGES.

GÉRONTE, père de Lucinde.
LUCINDE, fille de Géronte.
LÉANDRE, amant de Lucinde.
SGANARELLE, mari de Martine.
MARTINE, femme de Sganarelle.
M. ROBERT, voisin de Sganarelle.
VALÈRE, domestique de Géronte.
LUCAS, mari de Jacqueline, domestique de Gé-
   ronte.
JACQUELINE, nourrice chez Géronte, et femme
   de Lucas.
THIBAUT, père de Perrin, }
PERRIN, fils de Thibaut, } paysans.

La scène est à la campagne.

LE MÉDECIN MALGRÉ LUI,

COMÉDIE.

ACTE PREMIER.

SCÈNE I.

SGANARELLE, MARTINE.

SGANARELLE.

Non, je te dis que je n'en veux rien faire, et que c'est à moi de parler et d'être le maître.

MARTINE.

Et je te dis, moi, que je veux que tu vives à ma fantaisie, et que je ne me suis point mariée avec toi pour souffrir tes fredaines.

SGANARELLE.

Oh! la grande fatigue que d'avoir une femme! et qu'Aristote a bien raison, quand il dit qu'une femme est pire qu'un démon!

MARTINE.

Voyez un peu l'habile homme, avec son benêt d'Aristote!

SGANARELLE.

Oui! habile homme. Trouve-moi un faiseur de

fagots qui sache comme moi raisonner des choses,
qui ait servi six ans un fameux médecin, et qui ait
su dans son jeune âge son rudiment par cœur.

MARTINE.

Peste du fou fieffé!

SGANARELLE.

Peste de la carogne!

MARTINE.

Que maudits soient l'heure et le jour où je m'a-
visai d'aller dire oui!

SGANARELLE.

Que maudit soit le bec cornu de notaire qui me
fit signer ma ruine!

MARTINE.

C'est bien à toi vraiment à te plaindre de cette
affaire! Devrais-tu être un seul moment sans rendre grâce au ciel de m'avoir pour ta femme? et
méritais-tu d'épouser une personne comme moi?

SGANARELLE.

Il est vrai que tu me fis trop d'honneur, et que
j'eus lieu de me louer la première nuit de nos
noces! Hé! morbleu! ne me fais point parler là-
dessus : je dirais de certaines choses...

MARTINE.

Quoi? que dirais-tu?

SGANARELLE.

Baste, laissons-là ce chapitre. Il suffit que nous
savons ce que nous savons, et que tu fus bien heureuse de me trouver.

MARTINE.

Qu'appelles-tu bien heureuse de te trouver? Un

homme qui me réduit à l'hôpital, un débauché, un traître, qui me mange tout ce que j'ai...!

SGANARELLE.

Tu as menti, j'en bois une partie.

MARTINE.

Qui me vend, pièce à pièce, tout ce qui est dans le logis !...

SGANARELLE.

C'est vivre de ménage.

MARTINE.

Qui m'a ôté jusqu'au lit que j'avais !...

SGANARELLE.

Tu t'en leveras plus matin.

MARTINE.

Enfin qui ne laisse aucun meuble dans toute la maison !...

SGANARELLE.

On en déménage plus aisément.

MARTINE.

Et qui, du matin jusqu'au soir, ne fait que jouer et que boire !

SGANARELLE.

C'est pour ne me point ennuyer.

MARTINE.

Et que veux-tu pendant ce temps que je fasse avec ma famille ?

SGANARELLE.

Tout ce qu'il te plaira.

MARTINE.

J'ai quatre pauvres petits enfants sur les bras...

1.

SGANARELLE.

Mets-les à terre.

MARTINE.

Qui me demandent à toute heure du pain.

SGANARELLE.

Donne leur le fouet : quand j'ai bien bu et bien mangé, je veux que tout le monde soit soûl dans ma maison.

MARTINE.

Et tu prétends, ivrogne, que les choses aillent toujours de même ?...

SGANARELLE.

Ma femme, allons tout doucement, s'il vous plaît.

MARTINE.

Que j'endure éternellement tes insolences et tes débauches ?...

SGANARELLE.

Ne nous emportons point, ma femme.

MARTINE.

Et que je ne sache pas trouver le moyen de te ranger à ton devoir ?

SGANARELLE.

Ma femme, vous savez que je n'ai pas l'ame endurante, et que j'ai le bras assez bon.

MARTINE.

Je me moque de tes menaces.

SGANARELLE.

Ma petite femme, ma mie, votre peau vous démange, à votre ordinaire.

MARTINE.

Je te montrerai bien que je ne te crains nullement.

SGANARELLE.

Ma chère moitié, vous avez envie de me dérober
quelque chose.

MARTINE.

Crois tu que je m'épouvante de tes paroles?

SGANARELLE.

Doux objet de mes vœux, je vous frotterai les
oreilles.

MARTINE.

Ivrogne que tu es!

SGANARELLE.

Je vous battrai.

MARTINE.

Sac à vin!

SGANARELLE.

Je vous rosserai.

MARTINE.

Infâme!

SGANARELLE.

Je vous étrillerai.

MARTINE.

Traître! insolent! trompeur! lâche! coquin!
pendard! gueux! bélître! frippon! maraud! voleur!....

SGANARELLE.

Ah! vous en voulez donc?

(*Sganarelle prend un bâton et bat sa femme.*)

MARTINE, *criant.*

Ah! ah! ah! ah!

SGANARELLE.

Voilà le vrai moyen de vous appaiser.

SCÈNE II.

M. ROBERT, SGANARELLE, MARTINE.

M. ROBERT.

Holà! holà! holà ' Fi! Qu'est ce ci? Quelle in-
famie! Peste soit le coquin, de battre ainsi sa
femme!

MARTINE, *à M. Robert.*

Et je veux qu'il me batte, moi.

M. ROBERT.

Ah! j'y consens de tout mon cœur.

MARTINE.

De quoi vous mêlez-vous?

M. ROBERT.

J'ai tort.

MARTINE.

Est-ce là votre affaire?

M. ROBERT.

Vous avez raison.

MARTINE.

Voyez un peu cet impertinent, qui veut empêcher les maris de battre leurs femmes!

M. ROBERT.

Je me rétracte.

MARTINE.

Qu'avez-vous à voir là-dessus?

M. ROBERT.

Rien.

MARTINE.

Est ce à vous d'y mettre le nez?

M. ROBERT.

Non.

MARTINE.

Mêlez vous de vos affaires.

M. ROBERT.

Je ne dis plus mot.

MARTINE.

Il me plaît d'être battue.

M. ROBERT.

D'accord.

MARTINE.

Ce n'est pas à vos dépens.

M. ROBERT.

Il est vrai.

MARTINE.

Et vous êtes un sot de venir vous fourrer où vous n'avez que faire.

(*Elle lui donne un soufflet.*)

M. ROBERT, *à Sganarelle.*

Compère, je vous demande pardon de tout mon cœur. Faites; rossez, battez comme il faut votre femme; je vous aiderai, si vous le voulez.

SGANARELLE.

Il ne me plaît pas, moi.

M. ROBERT.

Ah! c'est une autre chose.

SGANARELLE.

Je la veux battre, si je le veux; et ne la veux pas battre, si je ne le veux pas.

M. ROBERT.

Fort bien.

SGANARELLE.

C'est ma femme, et non pas la vôtre.

M. ROBERT.

Sans doute.

SGANARELLE.

Vous n'avez rien à me commander.

M. ROBERT.

D'accord.

SGANARELLE.

Je n'ai que faire de votre aide.

M. ROBERT.

Très-volontiers.

SGANARELLE.

Et vous êtes un impertinent de vous ingérer des affaires d'autrui. Apprenez que Cicéron dit qu'entre l'arbre et le doigt il ne faut point mettre l'écorce. (*Il bat M. Robert, et le chasse.*)

SCÈNE III.

SGANARELLE, MARTINE.

SGANARELLE.

Oh ça! faisons la paix nous deux. Touche là.

MARTINE.

Oui, après m'avoir ainsi battue !

SGANARELLE.

Cela n'est rien. Touche.

MARTINE.

Je ne veux pas.

SGANARELLE.

Hé !

MARTINE.

Non.

SGANARELLE.

Ma petite femme.

MARTINE.

Point.

SGANARELLE.

Allons, te dis-je.

MARTINE.

Jé n'en ferai rien.

SGANARELLE.

Viens, viens, viens.

MARTINE.

Non, je veux être en colère.

SGANARELLE.

Fi ! c'est une bagatelle. Allons, allons,

MARTINE.

Laisse moi là.

SGANARELLE.

Touche, te dis je.

MARTINE.

Tu m'as trop maltraitée.

SGANARELLE.

Hé bien! va, je te demande pardon; mets là ta main.

MARTINE.

Je te le pardonne; (*bas, à part.*) mais tu le paieras.

SGANARELLE.

Tu es une folle de prendre garde à cela : ce sont petites choses qui sont de temps en temps nécessaires dans l'amitié; et cinq ou six coups de bâton, entre gens qui s'aiment, ne font que ragaillardir l'affection. Va, je m'en vais au bois, et je te promets aujourd'hui plus d'un cent de fagots.

SCÈNE IV.

MARTINE, *seule.*

Va, quelque mine que je fasse, je n'oublierai pas mon ressentiment; et je brûle en moi même de trouver les moyens de te punir des coups que tu m'as donnés. Je sais bien qu'une femme a toujours dans les mains de quoi se venger d'un mari; mais c'est une punition trop délicate pour mon pendard : je veux une vengeance qui se fasse un peu mieux sentir; et ce n'est pas contentement pour l'injure que j'ai reçue.

SCÈNE V.

VALÈRE, LUCAS, MARTINE.

LUCAS, *à Valere, sans voir Martine.*

Parguienne ! j'avons pris là tous deux une gueble /de commission ; et je ne sais pas, moi, ce que je pensons attraper.

VALÈRE, *à Lucas, sans voir Martine.*

Que veux tu, mon pauvre nourricier ? il faut bien obeir à notre maître : et puis, nous avons intérêt, l'un et l'autre, à la santé de sa fille, notre maîtresse ; et sans doute son mariage, différé par sa maladie, nous vaudra quelque récompense. Horace, qui est libéral, a bonne part aux prétentions qu'on peut avoir sur sa personne ; et, quoiqu'elle ait fait voir de l'amitié pour un certain Léandre, tu sais bien que son père n'a jamais voulu consentir à le recevoir pour son gendre.

MARTINE, *rêvant à part, se croyant seule.*

Ne puis-je point trouver quelque invention pour me venger ?

LUCAS, *à Valère.*

Mais quelle fantaisie s'est il boutée là dans la tête, puisque les médecins y avont tous perdu leur latin ?

VALÈRE, *à Lucas.*

On trouve quelquefois, à force de chercher, ce qu'on ne trouve pas d'abord ; et souvent en de simples lieux...

3.   2

MARTINE, *se croyant toujours seule.*

Oui, il faut que je m'en venge à quelque prix
que ce soit. Ces coups de bâton me reviennent au
cœur, je ne les saurais digérer ; et... (*heurtant Valère et Lucas.*) Ah ! messieurs, je vous demande
pardon ; je ne vous voyais pas, et cherchais dans
ma tête quelque chose qui m'embarrasse.

VALÈRE.

Chacun a ses soins dans le monde, et nous
cherchons aussi ce que nous voudrions bien trouver.

MARTINE.

Serait-ce quelque chose où je vous puisse aider ?

VALÈRE.

Cela se pourrait faire ; et nous tâchons de rencontrer quelque habile homme, quelque médecin
particulier, qui pût donner quelque soulagement à
la fille de notre maître, attaquée d'une maladie
qui lui a ôté tout d'un coup l'usage de la langue.
Plusieurs médecins ont déjà épuisé toute leur
science après elle : mais on trouve par fois des
gens avec des secrets admirables, de certains remedes particuliers, qui font le plus souvent ce que
les autres n'ont su faire ; et c'est là ce que nous
cherchons.

MARTINE, *bas, à part.*

Ah ! que le ciel m'inspire une admirable invention pour me venger de mon pendard ! (*haut.*)
Vous ne pouviez jamais vous mieux adresser pour
rencontrer ce que vous cherchez ; et nous avons un

homme, le plus merveilleux homme du monde
pour les maladies désespérées.

VALÈRE.

Hé! de grâce, où pouvons nous le rencontrer?

MARTINE.

Vous le trouverez maintenant vers ce petit lieu
que voilà, qui s'amuse à couper du bois.

LUCAS.

Un médecin qui coupe du bois!

VALÈRE.

Qui s'amuse à cueillir des simples, voulez vous
dire?

MARTINE.

Non; c'est un homme extraordinaire qui se plaît
à cela, fantasque, bizarre, quinteux, et que vous
ne prendriez jamais pour ce qu'il est. Il va vêtu
d'une façon extravagante, affecte quelquefois de
paraître ignorant, tient sa science renfermee, et
ne fuit rien tant tous les jours que d'exercer les
merveilleux talents qu'il a eus du ciel pour la médecine.

VALÈRE.

C'est une chose admirable, que tous les grands
hommes ont toujours du caprice, quelque petit
grain de folie mêlé à leur science.

MARTINE.

La folie de celui-ci est plus grande qu'on ne
peut croire, car elle va par fois jusqu'à vouloir être
battu pour demeurer d'accord de sa capacité; et je
vous donne avis que vous n'en viendrez pas à bout,

qu'il n'avouera jamais qu'il est médecin, s'il se le met en fantaisie, que vous ne preniez chacun un bâton, et ne le réduisiez, à force de coups, à vous confesser à la fin ce qu'il vous cachera d'abord. C'est ainsi que nous en usons quand nous avons besoin de lui.

VALÈRE.

Voilà une étrange folie !

MARTINE.

Il est vrai ; mais, après cela, vous verrez qu'il fait des merveilles.

VALÈRE.

Comment s'appelle-t il ?

MARTINE.

Il s'appelle Sganarelle. Mais il est aisé à connaître : c'est un homme qui a une large barbe noire, et qui porte une fraise, avec un habit jaune et vert.

LUCAS.

Un habit jaune et vard ! C'est donc le médecin des parroquets ?

VALÈRE.

Mais est-il bien vrai qu'il soit si habile que vous le dites ?

MARTINE.

Comment ! c'est un homme qui fait des miracles. Il y a six mois qu'une femme fut abandonnee de tous les autres médecins : on la tenait morte il y avait déjà six heures, et l'on se disposait à l'ensevelir, lorsqu'on y fit venir de force l'homme dont nous parlons. Il lui mit, l'ayant vue, une petite goutte de je ne sais quoi dans la bouche; et, dans le même instant, elle se leva de son lit, et se mit aussitôt à se promener dans sa chambre comme si de rien n'eût été.

LUCAS.

Ah !

VALÈRE.

Il fallait que ce fût quelque goutte d'or potable.

MARTINE.

Cela pourrait bien être. Il n'y a pas trois semaines encore qu'un jeune enfant de douze ans tomba du haut du clocher en bas, et se brisa sur le pavé la tête, les bras et les jambes. On n'y eut pas plutôt amené notre homme, qu'il le frotta par tout le corps d'un certain onguent qu'il sait faire; et l'enfant aussitôt se leva sur ses pieds, et courut jouer à la fossette.

LUCAS.

Ah !

VALÈRE.

Il faut que cette homme là ait la médecine universelle.

MARTINE.

Qui en doute?

LUCAS.

Tétigué ! vlà justement l'homme qu'il nous faut. Allons vîte le charcher.

2*

VALÈRE.

Nous vous remercions du plaisir que vous nous faites.

MARTINE.

Mais souvenez-vous bien au moins de l'avertissement que je vous ai donné.

LUCAS.

Hé! morguenne! laissez nous faire : s'il ne tient qu'à battre, la vache est à nous.

VALÈRE, *à Lucas.*

Nous sommes bien heureux d'avoir fait cette rencontre; et j'en conçois, pour moi, la meilleure espérance du monde.

SCÈNE VI.

SGANARELLE, VALÈRE, LUCAS.

SGANARELLE, *chantant derrière le théâtre.*
Là, là, là.

VALÈRE.

J'entends quelqu'un qui chante, et qui coupe du bois.

SGANARELLE, *entrant sur le théâtre avec une bouteille à sa main, sans apercevoir Valère ni Lucas.*

Là, là, là... Ma foi, c'est assez travailler pour boire un coup. Prenons un peu haleine.

(*après avoir bu.*)

Voilà du bois qui est salé comme tous les diables.

(*Il chante.*)
　　　Qu'ils sont doux,
　　Bouteille jolie,
　　　Qu'ils sont doux,
　　Vos petits glougloux !
Mais mon sort ferait bien des jaloux,
　Si vous étiez toujours remplie.
　　Ah ! bouteille ma mie,
　Pourquoi vous videz-vous ?
Allons, morbleu ! il ne faut point engendrer de
mélancolie.

　　　VALÈRE, *bas, à Lucas.*
Le voilà lui-même.

　　　LUCAS, *bas, à Valère.*
Je pense que vous dites vrai, et que j'avons
bouté le nez dessus.

　　　VALÈRE.
Voyons de près.

　SGANARELLE, *embrassant sa bouteille.*
Ah ! ma petite friponne ! que je t'aime, mon
petit bouchon !
(*Il chante.*) (*Apercevant Valère et Lucas qui*
　　　l'examinent, il baisse la voix.)
　　Mais mon sort... ferait bien... des jaloux.
　　Si... (*voyant qu'on l'examine de plus près.*)
Que diable ! à qui en veulent ces gens-là ?

　　　VALÈRE, *à Lucas.*
C'est lui assurément.

　　　LUCAS, *à Valère.*
Le vlà tout craché comme on nous l'a défiguré.

*(Sganarelle pose la bouteille à terre ; et Valère
se baissant pour le saluer, comme il croit que
c'est à dessein de la prendre, il la met de l'autre
côté : Lucas faisant la même chose que Valère,
Sganarelle reprend sa bouteille, et la tient contre
son estomac, avec divers gestes qui font un jeu
de théâtre.)*

SGANARELLE, *à part.*

Ils consultent en me regardant. Quel dessein
auraient ils ?

VALÈRE.

Monsieur, n'est-ce pas vous qui vous appelez
Sganarelle ?

SGANARELLE.

Hé ! quoi ?

VALÈRE.

Je vous demande si ce n'est pas vous qui se
nomme Sganarelle.

SGANARELLE, *se tournant vers Valère, puis
vers Lucas.*

Oui et non, selon ce que vous lui voulez.

VALÈRE.

Nous ne voulons que lui faire toutes les civilités
que nous pourrons.

SGANARELLE.

En ce cas, c'est moi qui se nomme Sganarelle.

VALÈRE.

Monsieur, nous sommes ravis de vous voir. On
nous a adressés à vous pour ce que nous cherchons ;

et nous venons implorer votre aide, dont nous
avons besoin.

SGANARELLE.

Si c'est quelque chose, messieurs, qui dépende
de mon petit négoce, je suis tout prêt à vous
rendre service.

VALÈRE.

Monsieur, c'est trop de grâce que vous nous
faites. Mais, monsieur, couvrez vous, s'il vous
plaît; le soleil pourrait vous incommoder.

LUCAS.

Monsieu, boulez dessus.

SGANARELLE, *à part.*

Voici des gens bien pleins de cérémonies.

(*Il se couvre.*)

VALÈRE.

Monsieur, il ne faut pas trouver étrange que
nous venions à vous; les habiles gens sont toujours
recherchés, et nous sommes instruits de votre ca
pacité.

SGANARELLE.

Il est vrai, messieurs, que je suis le premier
homme du monde pour faire des fagots.

VALÈRE.

Ah! monsieur!...

SGANARELLE.

Je n'y épargne aucune chose, et les fais d'une
façon qu'il n'y a rien à dire.

VALÈRE.

Monsieur, ce n'est pas cela dont il est question.

SGANARELLE.

Mais aussi je les vends cent dix sous le cent.

VALÈRE.

Ne parlons point de cela, s'il vous plaît.

SGANARELLE.

Je vous promets que je ne saurais les donner à moins.

VALÈRE.

Monsieur, nous savons les choses.

SGANARELLE.

Si vous savez les choses, vous savez que je les vends cela.

VALÈRE.

Monsieur, c'est se moquer que...

SGANARELLE.

Je ne me moque point, je n'en puis rien rabattre.

VALÈRE.

Parlons d'autre façon, de grâce.

SGANARELLE.

Vous en pourrez trouver autre part à moins; il y a fagots et fagots : mais pour ceux que je fais...

VALÈRE.

Hé! monsieur, laissons là ce discours.

SGANARELLE.

Je vous jure que vous ne les auriez pas, s'il s'en fallait un double.

VALÈRE.

Hé! fi!

SGANARELLE.

Non, en conscience; vous en paierez cela. Je vous parle sincèrement, et ne suis pas homme à sui faire.

VALÈRE.

Faut il, monsieur, qu'une personne comme vous s'amuse à ces grossières feintes, s'abaisse à parler de la sorte! qu'un homme si savant, un fameux médecin, comme vous êtes, veuille se déguiser aux yeux du monde, et tenir enterrés les beaux talents qu'il a !

SGANARELLE, *à part.*

Il est fou.

VALÈRE.

De grâce, monsieur, ne dissimulez point avec nous.

SGANARELLE.

Comment?

LUCAS.

Tout ce tripotage ne sait de rian; je savons c'en que je savous.

SGANARELLE.

Quoi donc ! que me voulez-vous dire? Pour qui me prenez-vous ?

VALÈRE.

Pour ce que vous êtes, pour un grand médecin.

SGANARELLE.

Médecin vous même; je ne le suis point, et je ne l'ai jamais été.

VALÈRE, *bas.*

Voilà sa folie qui le tient. (*haut.*) Monsieur, ne veuillez point nier les choses davantage ; et n'en venons point, s'il vous plaît, à de fâcheuses extrémités.

SGANARELLE.

A quoi donc ?

VALÈRE.

A de certaines choses dont nous serions marris.

SGANARELLE.

Parbleu ! venez en à tout ce qu'il vous plaira ; je ne suis point médecin, et ne sais ce que vous me voulez dire.

VALÈRE, *bas.*

Je vois bien qu'il faut se servir du remède. (*haut.*) Monsieur, encore un coup, je vous prie d'avouer ce que vous êtes.

LUCAS.

Hé ! têtigué ! ne lantiponnez point davantage, et confessez à la franquette que v's êtes médecin.

SGANARELLE, *à part.*

J'enrage.

VALÈRE.

A quoi bon nier ce qu'on sait ?

LUCAS.

Pourquoi toutes ces fraimes-là ! A quoi est-ce que ça vous sait ?

SGANARELLE.

Messieurs, en un mot autant qu'en deux mille, je vous dis que je ne suis point médecin.

VALÈRE.

Vous n'êtes point médecin?

SGANARELLE.

Non.

LUCAS.

V' n'êtes pas médecin?

SGANARELLE.

Non, vous dis je.

VALÈRE.

Puisque vous le voulez, il faut bien s'y résoudre.

(*Ils prennent chacun un bâton, et le frappent.*)

SGANARELLE.

Ah! ah! ah! messieurs, je suis tout ce qu'il vous plaira.

VALÈRE.

Pourquoi, monsieur, nous obligez-vous à cette violence?

LUCAS.

A quoi bon nous bailler la peine de vous battre?

VALÈRE.

Je vous assure que j'en ai tous les regrets du monde.

LUCAS.

Par ma figué! j'en sis fâché, franchement.

SGANARELLE.

Que diable est-ce ci, messieurs? De grâce, est ce pour rire, ou si tous deux vous extravaguez, de vouloir que je sois médecin?

3.

3

VALÈRE.

Quoi ! vous ne vous rendez pas encore, et vous vous défendez d'être médecin ?

SGANARELLE.

Diable emporte si je le suis !

LUCAS.

Il n'est pas vrai que vous sayez médecin ?

SGANARELLE.

Non, la peste m'étouffe ! (*Ils recommencent à le battre.*) Ah ! ah ! Hé bien ! messieurs, oui, puis-que vous le voulez, je suis médecin, je suis méde-cin ; apothicaire encore, si vous le trouvez bon. J'aime mieux consentir à tout, que de me faire assommer.

VALÈRE.

Ah ! voilà qui va bien, monsieur ; je suis ravi de vous voir raisonnable.

LUCAS.

Vous me boutez la joie au cœur, quand je vous vois parler comme ça.

VALÈRE.

Je vous demande pardon de toute mon ame.

LUCAS.

Je vous demandons excuse de la liberté que j'a-vons prise.

SGANARELLE, *à part.*

Ouais ! serait-ce bien moi qui me tromperais, et serais je devenu médecin sans m'en être aperçu ?

VALÈRE.

Monsieur, vous ne vous repentirez pas de nous montrer ce que vous êtes ; et vous verrez assurément que vous en serez satisfait.

SGANARELLE.

Mais, messieurs, dites-moi, ne vous trompez-vous point vous-mêmes ? Est-il bien assuré que je sois médecin ?

LUCAS.

Oui, par ma figué !

SGANARELLE.

Tout de bon ?

VALÈRE.

Sans doute.

SGANARELLE.

Diable emporte si je le savais !

VALÈRE.

Comment ! vous êtes le plus habile médecin du monde.

SGANARELLE.

Ah ! ah !

LUCAS.

Un médecin qui a gari je ne sais combien de maladies.

SGANARELLE.

Tudieu !

VALÈRE.

Une femme était tenue pour morte il y avait six heures ; elle était prête à ensevelir, lorsqu'avec une

goutte de quelque chose vous la fîtes revenir e
marcher d'abord par la chambre.

SGANARELLE.

Peste !

LUCAS.

Un petit enfant de douze ans se laissit choir d
haut d'un clocher ; de quoi il eut la tête, les jambe
et les bras cassés : et vous, avec je ne sais quel on
guent, vous fîtes qu'aussitôt il se relevit sur se
pieds, et s'en fut jouer à la fossette.

SGANARELLE.

Diantre !

VALÈRE.

Enfin, monsieur, vous aurez contentement ave
nous, et vous gagnerez ce que vous voudrez, e
vous laissant conduire où nous prétendons vou
mener.

SGANARELLE.

Je gagnerai ce que je voudrai ?

VALÈRE.

Oui.

SGANARELLE.

Ah ! je suis médecin, sans contredit. Je l'ava
oublié ; mais je m'en ressouviens. De quoi est-
question ? Où faut il se transporter ?

VALÈRE.

Nous vous conduirons. Il est question d'all
voir une fille qui a perdu la parole.

SGANARELLE.

Ma foi, je ne l'ai pas trouvée.

VALÈRE.

(*bas, à Lucas.*) (*à Sganarelle.*)
Il aime à rire. Allons, monsieur.

SGANARELLE.

Sans une robe de medecin?

VALÈRE.

Nous en prendrons une.

SGANARELLE, *présentant sa bouteille à Valère.*

Tenez cela, vous : voilà où je mets mes juleps.
(*puis se tournant vers Lucas en crachant.*)
Vous, marchez là dessus, par ordonnance du
medecin.

LUCAS.

Palsanguenne! v'là un médecin qui me plaît; je
pense qu'il réussira, car il est bouffon.

FIN DU PREMIER ACTE.

ACTE SECOND.

SCÈNE I.

GÉRONTE, VALÈRE, LUCAS, JACQUELINE.

VALÈRE.

Oui, monsieur, je crois que vous serez satisfait; et nous vous avons amené le plus grand médecin du monde.

LUCAS.

Oh! morguenne! il faut tirer l'échelle après ceti-la; et tous les autres ne sont pas daignes de li dé-chausser ses souliés.

VALÈRE.

C'est un homme qui a fait des cures merveil-leuses.

LUCAS.

Qui a gari des gens qui étiant morts.

VALÈRE.

Il est un peu capricieux, comme je vous ai dit; et, par fois, il a des moments où son esprit s'é-chappe, et ne paraît pas ce qu'il est.

LUCAS.

Oui, il aime à bouffonner; et l'on dirait par fois, ne v's en déplaise, qu'il a quelque petit coup de hache à la tête.

VALÈRE.

Mais, dans le fond, il est tout science; et bien souvent il dit des choses tout-à-fait relevées.

LUCAS.

Quand il s'y boute, il parle tout fin drait comme s'il lisait dans un livre.

VALÈRE.

Sa réputation s'est déjà répandue ici; et tout le monde vient à lui.

GÉRONTE.

Je meurs d'envie de le voir : faites-le moi vîte venir.

VALÈRE.

Je le vais quérir.

SCÈNE II.

GÉRONTE, JACQUELINE, LUCAS.

JACQUELINE.

Par ma fi, monsieu, ceti-ci fera justement ce qu'ant fait les autres. Je pense que ce sera queussi queumi; et la meilleure médeçaine que l'an pourrait bailler à votre fille, ce serait, selon moi, un biau et bon mari, pour qui alle eût de l'amiquié

GÉRONTE.

Ouais! nourrice m'amie, vous vous mêlez de bien des choses!

LUCAS.

Taisez-vous, notre minagere Jacquelaine; ce n'est pas à vous à bouter là votre nez.

JACQUELINE.

Je vous dis et vous douze que tous ces médecins n'y feront rian que de l'iau claire ; que votre fille a besoin d'autre chose que de ribarbe et de séné, et qu'un mari est un emplâtre qui garit tous les maux des filles.

GÉRONTE.

Est-elle en état maintenant qu'on s'en voulût charger avec l'infirmité qu'elle a ? Et lorsque j'ai été dans le dessein de la marier, ne s'est-elle pas opposée à mes volontés ?

JACQUELINE.

Je le crois bian ; vous li vouliez bailler eun homme qu'alle n'aime point. Que ne preniais-vous ce monsieu Liandre, qui li touchait au cœur ? alle aurait été fort obéissante ; et je m'en vais gager qu'il la prendrait, li, comme alle est, si vous la li vouillais donner.

GÉRONTE.

Ce Léandre n'est pas ce qu'il lui faut ; il n'a pas du bien comme l'autre.

JACQUELINE.

Il a eun oncle qui est si riche, dont il est héri-quié !

GÉRONTE.

Tous ces biens à venir me semblent autant de chansons. Il n'est rien tel que ce qu'on tient ; et l'on court grand risque de s'abuser, lorsque l'on compte sur le bien qu'un autre vous garde. La mort n'a pas toujours les oreilles ouvertes aux vœux et aux prières de messieurs les héritiers ; et l'on a le temps d'avoir les dents longues, lorsqu'on attend pour vivre le trépas de quelqu'un.

JACQUELINE.

Enfin, j'ai toujours ouï dire qu'en mariage, comme ailleurs, contentement passe richesse. Les pères et les mères ont cette maudite coutume de demander toujours, Qu'a t il ? et Qu'a t-elle ? et le compère Piarre a marié sa fille Simonette au gros Thomas pour un quaiquié de vaigne qu'il avait davantage que le jeune Robin, où elle avait bouté son amiquié ; et v'là que la pauvre criature en est devenue jaune comme eun coing, et n'a point profité tout depuis ce temps là. C'est un bel exemple pour vous, monsieu. On n'a que son plaisir en ce monde ; et j'aimerais mieux bailler à ma fille eun bon mari qui li fût agriable, que toutes les rentes de la Biausse.

GÉRONTE.

Peste ! madame la nourrice, comme vous dégoisez ? Taisez vous, je vous prie ; vous prenez trop de soin, et vous échauffez votre lait.

LUCAS, *frappant, à chaque phrase qu'il dit, sur l'épaule de Géronte.*

Morgué ! tais-toi, tu es une impartinente. Monsieu n'a que faire de tes discours, et il sait ce qu'il a à faire. Mêle toi de donner à téter à ton enfant, sans tant faire la raisonneuse. Monsieu est le père de sa fille ; et il est bon et sage pour voir ce qu'il li faut.

GÉRONTE.

Tout doux! Oh! tout doux!

LUCAS, *frappant encore sur l'épaule de Géronte.*

Monsieu, je veux un peu la mortifier, et li apprendre le respect qu'alle vous doit.

GÉRONTE.

Oui. Mais ces gestes ne sont pas nécessaires.

SCÈNE III.

VALERE, SGANARELLE, GÉRONTE, LUCAS, JACQUELINE.

VALÈRE.

Monsieur, préparez-vous. Voici votre médecin qui entre.

GÉRONTE, *à Sganarelle.*

Monsieur, je suis ravi de vous voir chez moi, et nous avons grand besoin de vous.

SGANARELLE, *en robe de médecin avec un chapeau des plus pointus.*

Hippocrate dit... que nous nous couvrions tous deux.

GÉRONTE.

Hippocrate dit cela?

SGANARELLE.

Oui.

GÉRONTE.

Dans quel chapitre, s'il vous plaît?

SGANARELLE.

Dans son chapitre... des chapeaux.

GÉRONTE.

Puisqu'Hippocrate le dit, il le faut faire.

SGANARELLE.

Monsieur le médecin, ayant appris les merveil-leuses choses...

GÉRONTE.

A qui parlez-vous, de grâce ?

SGANARELLE.

A vous.

GÉRONTE.

Je ne suis pas médecin.

SGANARELLE.

Vous n'êtes pas médecin ?

GÉRONTE.

Non, vraiment.

SGANARELLE.

Tout de bon ?

GÉRONTE.

Tout de bon.

(Sganarelle prend un bâton, et frappe Géronte.)
Ah! ah! ah!

SGANARELLE.

Vous êtes médecin maintenant; je n'ai jamais eu d'autres licences.

GÉRONTE, *à Valère.*

Quel diable d'homme m'avez-vous là amené ?

VALÈRE.

Je vous ai bien dit que c'était un médecin gogue-nard.

GÉRONTE.

Oui : mais je l'envoierais promener avec ses go-
guenarderies.

LUCAS.

Ne prenez pas garde à ça, monsieu; ce n'est
que poui rire.

GÉRONTE.

Cette raillerie ne me plaît pas.

SGANARELLE.

Monsieur, je vous demande pardon de la liberté
que j'ai prise.

GÉRONTE.

Monsieur, je suis votre serviteur.

SGANARELLE.

Je suis fâché...

GÉRONTE.

Cela n'est rien.

SGANARELLE.

Des coups de bâton...

GÉRONTE.

Il n'y a pas de mal.

SGANARELLE.

Que j'ai eu l'honneur de vous donner.

GÉRONTE.

Ne parlons plus de cela. Monsieur, j'ai une fille
qui est tombée dans une étrange maladie.

SGANARELLE.

Je suis ravi, monsieur, que votre fille ait besoin
de moi; et je souhaiterais de tout mon cœur que
vous en eussiez besoin aussi, vous et toute votre

famille, pour vous témoigner l'envie que j'ai de vous servir.

GÉRONTE.

Je vous suis obligé de ces sentiments.

SGANARELLE.

Je vous assure que c'est du meilleur de mon ame que je vous parle.

GÉRONTE.

C'est trop d'honneur que vous me faites.

SGANARELLE.

Comment s'appelle votre fille?

GÉRONTE.

Lucinde.

SGANARELLE.

Lucinde! Ah! beau nom à médicamenter! Lucinde !

GÉRONTE.

Je m'en vais voir un peu ce qu'elle fait.

SGANARELLE.

Qui est cette grande femme-là?

GÉRONTE.

C'est la nourrice d'un petit enfant que j'ai.

SCÈNE IV.

SGANARELLE, JACQUELINE, LUCAS.

SGANARELLE, *à part.*

Peste! le joli meuble que voilà! (*haut.*) Ah! nourrice, charmante nourrice, ma médecine est la très humble esclave de votre nourricerie, et je

3. 4

voudrais bien être le petit poupon fortuné qui tetât le lait de vos bonnes grâces. (*Il lui porte la main sur le sein.*) Tous mes remedes, toute ma science, toute ma capacité est à votre service ; et...

LUCAS.

Avec votre parmission, monsieu le médecin, laissez-là ma femme, je vous prie.

SGANARELLE.

Quoi ! elle est votre femme ?

LUCAS.

Oui.

SGANARELLE.

Ah ! vraiment je ne savais pas cela, et je m'en réjouis pour l'amour de l'un et de l'autre.
(*Il fait semblant de vouloir embrasser Lucas, et embrasse la nourrice.*)
LUCAS, *tirant Sganarelle, et se remettant entre lui et sa femme.*

Tout doucement, s'il vous plaît.

SGANARELLE.

Je vous assure que je suis ravi que vous soyez unis ensemble : je la félicite d'avoir un mari comme vous ; et je vous félicite, vous, d'avoir une femme si belle, si sage, si bien faite comme elle est.
(*Il fait encore semblant d'embrasser Lucas, qui lui tend les bras ; Sganarelle passe dessous, et embrasse encore la nourrice.*)
LUCAS, *le tirant encore.*

Hé ! tétigué ! point tant de complimens, je vous supplie.

SGANARELLE.

Ne voulez vous pas que je me réjouisse avec vous d'un si bel assemblage?

LUCAS.

Avec moi, tant qu'il vous plaira; mais avec ma femme, trêve de saimonie.

SGANARELLE.

Je prends part également au bonheur de tous deux : et si je vous embrasse pour vous en témoigner ma joie, je l'embrasse de même pour lui en témoigner aussi.

(*Il continue le même jeu.*)

LUCAS, *le tirant pour la troisième fois.*

Ah! vaitigué, monsieu le médecin, que de lantiponnage!

SCÈNE V.

GÉRONTE, SGANARELLE, LUCAS, JACQUELINE.

GÉRONTE.

Monsieur, voici tout-à-l'heure ma fille qu'on va vous amener.

SGANARELLE.

Je l'attends, monsieur, avec toute la médecine.

GÉRONTE.

Où est-elle?

SGANARELLE, *se touchant le front.*
Là-dedans.

GÉRONTE.

Fort bien.

SGANARELLE.

Mais comme je m'intéresse à toute votre famille,
il faut que j'essaie un peu le lait de votre nourrice,
et que je visite son sein.

(Il s'approche de Jacqueline.)

LUCAS, *le tirant, et lui faisant faire la pirouette.*

Nannain, nannain ; je n'avons que faire de ça.

SGANARELLE.

C'est l'office du médecin de voir les tetons des
nourrices.

LUCAS.

Il gnia office qui quienne, je sis votre sarviteur.

SGANARELLE.

As tu bien la hardiesse de t'opposer au médecin ?
Hors de là

LUCAS.

Je me moque de ça.

SGANARELLE, *en le regardant de travers.*

Je te donnerai la fièvre.

JACQUELINE, *prenant Lucas par le bras, et
lui faisant faire aussi la pirouette.*

Ote-toi de là aussi ; est-ce que je ne sis pas assez
grande pour me défendre moi-même, s'il me fait
queuque chose qui ne soit pas à faire ?

LUCAS.

Je ne veux pas qu'il te tâte, moi.

SGANARELLE.

Fi le vilain, qui est jaloux de sa femme ?

GÉRONTE.

Voici ma fille.

SCÈNE VI.

LUCINDE, GÉRONTE, SGANARELLE, VALERE, LUCAS, JACQUELINE:

SGANARELLE.

Est-ce là la malade?

GERONTE.

Oui. Je n'ai qu'elle de fille ; et j'aurais tous les regrets du monde si elle venait à mourir.

SGANARELLE.

Qu'elle s'en garde bien! Il ne faut pas qu'elle meure sans l'ordonnance du médecin.

GÉRONTE.

Allons, un siége.

SGANARELLE, *assis entre Géronte et Lucinde.*

Voilà une malade qui n'est pas tant dégoûtante, et je tiens qu'un homme bien sain s'en accommoderait assez.

GERONTE.

Vous l'avez fait rire, monsieur.

SGANARELLE.

Tant mieux : lorsque le médecin fait rire le malade, c'est le meilleur signe du monde. (*à Lucinde.*) Hé bien! de quoi est il question? Qu'avez-vous? Quel est le mal que vous sentez?

LUCINDE, *portant sa main à sa bouche, à sa tête, et sous son menton.*

Han, hi, hon, han.

SGANARELLE.

Hé! que dites vous?

LUCINDE *continue les mêmes gestes.*

Han, hi, hon, han, han, hi, hon.

SGANARELLE.

Quoi?

LUCINDE.

Han, hi, hon.

SGANARELLE.

Han, hi, hon, han, ha. Je ne vous entends point.
Quel diable de langage est-ce là?

GÉRONTE.

Monsieur, c'est là sa maladie. Elle est devenue
muette, sans que jusqu'ici on en ait pu savoir la
cause; et c'est un accident qui a fait reculer son
mariage.

SGANARELLE.

Et pourquoi?

GÉRONTE.

Celui qu'elle doit épouser veut attendre sa guérison pour conclure les choses.

SGANARELLE.

Et qui est ce sot-là, qui ne veut pas que sa femme
soit muette? Plût à dieu que la mienne eût cette
maladie! je me garderais bien de la vouloir guérir.

GÉRONTE.

Enfin, monsieur, nous vous prions d'employer
tous vos soins pour la soulager de son mal.

SGANARELLE.

Ah ! ne vous mettez pas en peine. Dites-moi un peu : ce mal l'oppresse-t il beaucoup ?

GÉRONTE.

Oui, monsieur.

SGANARELLE.

Tant mieux. Sent elle de grandes douleurs ?

GÉRONTE.

Fort grandes.

SGANARELLE.

C'est fort bien fait. Va t-elle où vous savez ?

GÉRONTE.

Oui.

SGANARELLE.

Copieusement ?

GÉRONTE.

Je n'entends rien à cela.

SGANARELLE.

La matière est-elle louable ?

GÉRONTE.

Je ne me connais pas à ces choses.

SGANARELLE, *à Lucinde*.

Donnez moi votre bras. (*à Géronte.*) Voilà un pouls qui marque que votre fille est muette.

GÉRONTE.

Hé ! oui, monsieur, c'est-là son mal ; vous l'avez trouvé tout du premier coup.

SGANARELLE.

Ha ! ha !

JACQUELINE.

Voyez comme il a deviné sa maladie!

SGANARELLE.

Nous autres grands médecins, nous connaissons
d'abord les choses. Un ignorant aurait été embarrasse, et vous eût été dire, C'est ceci, c'est cela :
mais moi, je touche au but du premier coup, et je
vous apprends que votre fille est muette.

GÉRONTE.

Oui : mais je voudrais bien que vous me pussiez
dire d'où cela vient.

SGANARELLE.

Il n'est rien de plus aisé; cela vient de ce qu'ellé
a perdu la parole.

GÉRONTE.

Fort bien. Mais la cause, s'il vous plaît, qui
fait qu'elle a perdu la parole?

SGANARELLE.

Tous nos meilleurs auteurs vous diront que c'est
l'empêchement de l'action de sa langue.

GÉRONTE.

Mais encore, vos sentiments sur cet empêchement de l'action de sa langue?

SGANARELLE.

Aristote, là-dessus, dit... de fort belles choses.

GÉRONTE.

Je le crois.

SGANARELLE.

Ah! c'était un grand homme!

GÉRONTE.

Sans doute.

SGANARELLE.

Grand homme tout-à fait ; un homme qui était (*levant les bras depuis le coude.*) plus grand que moi de tout cela. Pour revenir donc à notre raisonnement, je tiens que cet empêchement de l'action de sa langue est causé par de certaines humeurs, qu'en tie nous autres savants nous appelons humeurs peccantes ; peccantes, c'est-à-dire... humeurs peccantes ; d'autant que les vapeurs formées par les exhalaisons des influences qui s'élèvent dans la région des maladies, venant... pour ainsi dire... à.... Entendez vous le latin ?

GÉRONTE.

En aucune façon.

SGANARELLE, *se levant brusquement.*
Vous n'entendez point le latin ?

GÉRONTE.

Non.

SGANARELLE, *avec enthousiasme.*
Cabricias arci thuram, catalamus, singulariter, nominativo, hæc musa, la muse, *bonus, bona, bonum. Deus sanctus, estne oratio latinas ? etiam,* oui. *Quare ?* pourquoi ? *Quia substantivo, et ad jectivum, concordat in generi, numerum, et casus*

GÉRONTE.

Ah ! que n'ai-je étudié !

JACQUELINE.

L'habile homme que v'là !

LUCAS.

Oui, ça est si biau que je n'y entends goutte.

SGANARELLE.

Or, ces vapeurs dont je vous parle venant à passer, du côté gauche où est le foie, au côté droit où est le cœur, il se trouve que le poumon, que nous appelons en latin *armyan*, ayant communication avec le cerveau, que nous nommons en grec *nasmus*, par le moyen de la veine cave, que nous appelons en hébreu *cubile*, rencontre en son chemin lesdites vapeurs qui remplissent les ventricules de l'omoplate ; et parce que lesdites vapeurs..... comprenez bien ce raisonnement, je vous prie... et parce que lesdites vapeurs ont une certaine malignité... écoutez bien ceci, je vous conjure...

GÉRONTE.

Oui.

SGANARELLE.

ont une certaine malignité qui est causée..... soyez attentif, s'il vous plaît...

GÉRONTE.

Je le suis.

SGANARELLE.

qui est causée par l'âcreté des humeurs engendrées dans la concavité du diaphragme, il arrive que ces vapeurs... *Ossabandus, nequeis, nequer, potarinum, quipsa milus.* Voilà justement ce qui fait que votre fille est muette.

JACQUELINE.

Ah! que ça est bian dit, notre homme!

LUCAS.

Que n'ai-je la langue aussi bian pendue!

GERONTE.

On ne peut pas mieux raisonner, sans doute. Il n'y a qu'une seule chose qui m'a choqué : c'est l'endroit du foie et du cœur. Il me semble que vous les placez autrement qu'ils ne sont : que le cœur est du côté gauche, et le foie du côté droit.

SGANARELLE.

Oui ; cela était autrefois ainsi : mais nous avons changé tout cela, et nous faisons maintenant la médecine d'une méthode toute nouvelle.

GERONTE.

C'est ce que je ne savais pas, et je vous demande pardon de mon ignorance.

SGANARELLE.

Il n'y a pas de mal ; et vous n'êtes pas obligé d'être aussi habile que nous.

GERONTE.

Assurément. Mais, monsieur, que croyez-vous qu'il faille faire à cette maladie?

SGANARELLE.

Ce que je crois qu'il faille faire?

GÉRONTE.

Oui.

SGANARELLE.

Mon avis est qu'on la remette sur son lit, et

qu'on lui fasse prendre pour remède quantité de pain trempé dans du vin.

GÉRONTE.

Pourquoi cela monsieur?

SGANARELLE.

Parce qu'il y a dans le vin et le pain, mêlés ensemble, une vertu sympathique qui fait parler. Ne voyez-vous pas bien qu'on ne donne autre chose aux perroquets, et qu'ils apprennent à parler en mangeant de cela?

GÉRONTE.

Cela est vrai. Ah! le grand homme! Vîte, quantité de pain et de vin.

SGANARELLE.

Je reviendrai voir sur le soir en quel état elle sera.

SCÈNE VII.

GÉRONTE, SGANARELLE, JACQUELINE.

SGANARELLE.

(à Jacqueline.)   (à Géronte.)

Doucement, vous. Monsieur, voilà une nourrice à laquelle il faut que je fasse quelques petits remèdes.

JACQUELINE.

Qui? moi? Je me porte le mieux du monde.

SGANARELLE.

Tant pis, nourrice; tant pis. Cette grande santé est à craindre, et il ne sera pas mauvais de vou faire quelque petite saignée amiable, de vous donner quelque petit clystère dulcifiant.

GERONTE.

Mais, monsieur, voilà une mode que je ne comprends point. Pourquoi s'aller faire saigner quand on n'a point de maladie?

SGANARELLE.

Il n'importe, la mode en est salutaire; et, comme on boit pour la soif a venu, il faut aussi se faire saigner pour la maladie à venir.

JACQUELINE, *en s'en allant.*

Ma fi, je me moque de ça, et je ne veux point faire de mon corps une boutique d'apothicaire.

SGANARELLE.

Vous êtes rétive aux remèdes; mais nous saurons vous soumettre à la raison.

SCÈNE VIII.

GÉRONTE, SGANARELLE.

SGANARELLE.

Je vous donne le bon jour.

GERONTE.

Attendez un peu, s'il vous plaît.

SGANARELLE.

Que voulez-vous faire?

GERONTE.

Vous donner de l'argent, monsieur.

3. 5

SGANARELLE, *tendant sa main par derrière,*
tandis que Géronte ouvre sa bourse.

Je n'en prendrai pas, monsieur.

GERONTE.

Monsieur...

SGANARELLE.

Point du tout.

GÉRONTE.

Un petit moment.

SGANARELLE.

En aucune façon.

GÉRONTE.

De grâce!

SGANARELLE.

Vous vous moquez.

GÉRONTE.

Voilà qui est fait.

SGANARELLE.

Je n'en ferai rien.

GÉRONTE.

Hé!

SGANARELLE.

Ce n'est pas l'argent qui me fait agir.

GÉRONTE.

Je le crois.

SGANARELLE, *après avoir pris l'argent.*

Cela est il de poids?

GÉRONTE.

Oui, monsieur.

SGANARELLE.

Je ne suis pas un médecin mercenaire.

GÉRONTE.

Je le sais bien.

SGANARELLE.

L'intérêt ne me gouverne point.

GERONTE.

Je n'ai pas cette pensée.

SGANARELLE, *seul, regardant l'argent qu'il a reçu.*

Ma foi, cela ne va pas mal ; et pourvu que...

SCÈNE IX.

LÉANDRE, SGANARELLE.

LÉANDRE.

Monsieur, il y a long-temps que je vous attends ; et je viens implorer votre assistance.

SGANARELLE, *lui tâtant le pouls.*

Voilà un pouls qui est fort mauvais.

LÉANDRE.

Je ne suis point malade, monsieur ; ce n'est pas pour cela que je viens à vous.

SGANAREULE.

Si vous n'êtes pas malade, que diable ne le dites-vous donc ?

LÉANDRE.

Non. Pour vous dire la chose en deux mots, je m'appelle Léandre, qui suis amoureux de Lucinde que vous venez de visiter ; et comme, par la mau-

vaise humeur de son père, toute sorte d'accès m'est
fermée auprès d'elle, je me hasarde à vous prier
de vouloir servir mon amour, et de me donner
lieu d'exécuter un stratagème que j'ai trouvé pour
lui pouvoir dire deux mots d'où dépendent abso-
lument mon bonheur et ma vie.

SGANARELLE.

Pour qui me prenez-vous? Comment! oser vous
adresser à moi pour vous servir dans votre amour,
et vouloir ravaler la dignité de medecin à des emplois de cette nature!

LÉANDRE.

Monsieur, ne faites point de bruit.

SGANARELLE, *en le faisant reculer.*

J'en veux faire, moi. Vous êtes un impertinent.

LÉANDRE.

Hé! monsieur, doucement.

SGANARELLE.

Un malavisé.

LÉANDRE.

De grâce!

SGANARELLE.

Je vous apprendrai que je ne suis point homme
à cela, et que c'est une insolence extrême...

LÉANDRE, *tirant une bourse.*

Monsieur...

SGANARELLE.

De vouloir m'employer... (*recevant la bourse.*)
Je ne parle pas de vous, car vous êtes honnête
homme; et je serais ravi de vous rendre service:

mais il y a de certains impertinents au monde qui viennent prendre les gens pour ce qu'ils ne sont pas ; et je vous avoue que cela me met en colère.

LÉANDRE.

Je vous demande pardon, monsieur, de la liberté que...

SGANARELLE.

Vous vous moquez. De quoi est il question ?

LÉANDRE.

Vous saurez donc, monsieur, que cette maladie que vous voulez guérir est une feinte maladie. Les médecins ont raisonné là dessus comme il faut ; et ils n'ont pas manqué de dire que cela procédait, qui du cerveau, qui des entrailles, qui de la rate, qui du foie : mais il est certain que l'amour en est la véritable cause, et que Lucinde n'a trouvé cette maladie que pour se délivrer d'un mariage dont elle était importunée. Mais, de crainte qu'on ne nous voie ensemble, retirons-nous d'ici ; et je vous dirai en marchant ce que je souhaite de vous.

SGANARELLE.

Allons, monsieur : vous m'avez donné pour votre amour une tendresse qui n'est pas concevable ; et j'y perdrai toute ma médecine, ou la malade crevera, ou bien elle sera à vous.

FIN DU SECOND ACTE.

5.

ACTE TROISIÈME.

SCÈNE I.

LÉANDRE, SGANARELLE.

LÉANDRE.

Il me semble que je ne suis pas mal ainsi pour un apothicaire ; et, comme le père ne m'a guère vu, ce changement d'habit et de perruque est assez capable, je crois, de me déguiser à ses yeux.

SGANARELLE.

Sans doute.

LÉANDRE.

Tout ce que je souhaiterais serait de savoir cinq ou six grands mots de médecine pour parer mon discours et me donner l'air d'habile homme.

SGANARELLE.

Allez, allez, tout cela n'est pas nécessaire ; il suffit de l'habit : et je n'en sais pas plus que vous.

LÉANDRE.

Comment !

SGANARELLE.

Diable emporte, si j'entends rien en médecine ! Vous êtes honnête homme, et je veux bien me confier à vous comme vous vous confiez à moi.

LÉANDRE,

Quoi ! vous n'êtes pas effectivement...

SGANARELLE.

Non, vous dis je ; ils m'ont fait médecin malgré
mes dents. Je ne m'étais jamais mêlé d'être si sa
vant que cela ; et toutes mes études n'ont été que
jusqu'en sixième. Je ne sais sur quoi cette imagi-
nation leur est venue ; mais quand j'ai vu qu'à
toute force ils voulaient que je fusse médecin, je
me suis résolu de l'être aux dépens de qui il ap-
partiendra. Cependant vous ne sauriez croire com
ment l'erreur s'est répandue, et de quelle façon
chacun est endiablé à me croire habile homme. On
me vient chercher de tous côtés ; et , si les choses
vont toujours de même, je suis d'avis de m'en
tenir toute ma vie à la médecine. Je trouve que
c'est le métier le meilleur de tous ; car , soit qu'on
fasse bien , ou soit qu'on fasse mal , on est toujours payé de même sorte. La méchante besogne
ne retombe jamais sur notre dos ; et nous taillons
comme il nous plaît sur l'étoffe où nous travail-
lons. Un cordonnier en faisant des souliers ne sau
rait gâter un morceau de cuir qu'il n'en paie les
pots cassés ; mais ici l'on peut gâter un homme sans
qu'il en coûte rien. Les bévues ne sont point pour
nous, et c'est toujours la faute de celui qui meurt.
Enfin, le bon de cette profession est qu'il y a parmi
les morts une honnêteté, une discrétion la plus
grande du monde, et jamais on n'en voit se plain
dre du médecin qui l'a tué.

LÉANDRE.

Il est vrai que les morts sont fort honnêtes gens
sur cette matière.

SGANARELLE, *voyant des hommes qui viennent*
à lui.

Voilà des gens qui ont la mine de me venir
consulter. (*à Léandre.*) Allez toujours m'attendre
auprès du logis de votre maîtresse.

SCÈNE II.

THIBAUT, PERRIN, SGANARELLE.

THIBAUT.

Monsieu, je venons vous charcher, mon fils
Perrin et moi.

SGANARELLE.

Qu'y a-t il ?

THIBAUT.

Sa pauvre mère, qui a nom Parrette, est dans
un lit malade il y a six mois.

SGANARELLE, *tendant la main comme pour*
recevoir de l'argent.

Que voulez-vous que j'y fasse ?

THIBAUT.

Je voudrions, monsieu, que vous nous baillis-
siez queuque petite drôlerie pour la garir.

SGANARELLE.

Il faut voir. De quoi est-ce qu'elle est malade?

THIBAUT.

Alle est malade d'hypocrisie, monsieu.

SGANARELLE.

D'hypocrisie ?

THIBAUT.

Oui, c'est-à-dire qu'alle est enflée partout ; et l'an dit que c'est quantité de sériosités qu'alle a dans le corps, et que son foie, son ventre, ou sa rate, comme vous voudrais l'appeler, au glieu de faire du sang, ne fait plus que de liau. Alle a, de deux jours l'un, la fièvre lquotiguenne, avec des lassitudes et des douleurs dans les mufles des jambes. On entend dans sa gorge des fleumes qui sont tout prêts à l'étouffer ; et par fois il li prend des syncoles et des conversions, que je crayons qu'alle est passée. J'avons dans notre village un apothicaire, révérence parler, qui li a donné je ne sais com bien d'histoires ; et il m'en coûte plus d'eune douzaine de bons écus en lavements, ne v's en déplaise, en apostumes qu'on li a fait prendre, en infections de jacinthe, et en portions cordales. Mais tout ça, comme dit l'autre, n'a été que de l'onguent miton-mitaine. Il velait li bailler d'une certaine drogue que l'on appelle du vin amétile ; mais j'ai-z-eu peur franchement que ça l'envoyît *a patres ;* et l'an dit que ces gros médecins tuont je ne sais combien de monde avec cette invention-là.

SGANARELLE, *tendant toujours la main.*

Venons au fait, mon ami, venons au fait.

THIBAUT.

Le fait est, monsieu, que je venons vous prier de nous dire ce qu'il faut que je fassions.

SGANARELLE.

Je ne vous entends point du tout.

PERRIN.

Monsieu, ma mère est malade ; et v'là deux écus que je vous apportons pour nous bailler queuque remède.

SGANARELLE.

Ah ! je vous entends, vous. Voilà un garçon qui parle clairement, et qui s'explique comme il faut. Vous dites que votre mère est malade d'hydropisie, qu'elle est enflée par tout le corps, qu'elle a la fièvre, avec des douleurs dans les jambes, et qu'il lui prend par fois des syncopes et des convulsions, c'est à-dire des évanouissements ?

PERRIN.

Hé ! oui, monsieu, c'est justement ça.

SGANARELLE.

J'ai compris d'abord vos paroles. Vous avez un père qui ne sait ce qu'il dit. Maintenant vous me demandez un remède ?

PERRIN.

Oui, monsieu.

SGANARELLE.

Un remède pour la guérir ?

PERRIN.

C'est comme je l'entendons.

SGANARELLE.

Tenez, voilà un morceau de fromage qu'il faut que vous lui fassiez prendre.

PERRIN.

Du fromage, monsieu ?

SGANARELLE.

Oui; c'est un fromage préparé, où il entre de l'or, du corail et des perles, et quantité d'autres choses précieuses.

PERRIN.

Monsieu, je vous sommes bien obligés; et j'allons li faire prendre ça tout à l'heure.

SGANARELLE.

Allez. Si elle meurt, ne manquez pas de la faire enterrer du mieux que vous pourrez.

SCÈNE III.

JACQUELINE, SGANARELLE; LUCAS,
dans le fond du théâtre.

SGANARELLE.

Voici la belle nourrice. Ah! nourrice de mon cœur, je suis ravi de cette rencontre; et votre vue est la rhubarbe, la casse, et le séné, qui purgent toute la mélancolie de mon ame.

JACQUELINE.

Par ma figué, monsieu le médecin, ça est trop bien dit pour moi, et je n'entends rian à tout votre latin.

SGANARELLE.

Devenez malade, nourrice, je vous prie; devenez malade pour l'amour de moi. J'aurais toutes les joies du monde de vous guérir.

JACQUELINE.

Je sis votre sarvante; j'aime bian mieux qu'an
ne me garisse pas.

SGANARELLE.

Que je vous plains, belle nourrice, d'avoir un
mari jaloux et fâcheux comme celui que vous
avez !

JACQUELINE.

Que v'lez vous, monsieu? C'est pour la péni-
tence de mes fautes; et là où la chèvre est liée, il
faut bian qu'alle y broute.

SGANARELLE.

Comment ! un rustre comme cela ! un homme
qui vous observe toujours, et ne veut pas que personne vous parle !

JACQUELINE.

Hélas ! vous n'avez rian vu encore; et ce n'est
qu'un petit échantillon de sa mauvaise humeur.

SGANARELLE.

Est-il possible ! et qu'un homme ait l'ame assez
basse pour maltraiter une personne comme vous !
Ah ! que j'en sais, belle nourrice, et qui ne sont
pas loin d'ici, qui se tiendraient heureux de baiser
seulement les petits bouts de vos petons ! Pourquoi
faut-il qu'une personne si bien faite soit tombée en
de telles mains ! et qu'un franc animal, un brutal,
un stupide, un sot... pardonnez-moi, nourrice, si
je parle ainsi de votre mari...

JACQUELINE.

Hé! monsieu, je sais bian qu'il mérite tous ces noms-là.

SGANARELLE.

Oui, sans doute, nourrice, il les mérite; et il mériterait encore que vous lui missiez quelque chose sur la tête, pour le punir des soupçons qu'il a.

JACQUELINE.

Il est bian vrai que si je n'avais devant les yeux que son intérêt, il pourrait m'obliger à queuque étrange chose.

SGANARELLE.

Ma foi, vous ne feriez pas mal de vous venger de lui avec quelqu'un. C'est un homme, je vous le dis, qui mérite bien cela; et, si j'étais assez heureux, belle nourrice, pour être choisi pour...

(*Dans le temps que Sganarelle tend les bras pour embrasser Jacqueline, Lucas passe sa tête par dessous, et se met entre eux deux. Sganarelle et Jacqueline regardent Lucas, et sortent chacun de leur côté.*)

SCÈNE IV.

GÉRONTE, LUCAS.

GÉRONTE.

Holà! Lucas, n'as-tu point vu ici notre médecin?

3.　　　　　　　　　　　6

LUCAS.

Et oui, de par tous les diantres, je l'ai vu; et ma femme aussi.

GÉRONTE.

Où est-ce donc qu'il peut être?

LUCAS.

Je ne sais; mais je voudrais qu'il fût à tous les guebles.

GÉRONTE.

Va-t'en voir un peu ce que fait ma fille.

SCÈNE V.

SGANARELLE, LÉANDRE, GÉRONTE.

GÉRONTE.

Ah! monsieur, je demandais où vous étiez.

SGANARELLE.

Je m'étais amusé dans votre cour à expulser le superflu de la boisson. Comment se porte la malade?

GÉRONTE.

Un peu plus mal depuis votre remède.

SGANARELLE.

Tant mieux; c'est signe qu'il opère.

GÉRONTE.

Oui; mais en opérant je crains qu'il ne l'étouffe.

SGANARELLE.

Ne vous mettez pas en peine; j'ai des remèdes qui se moquent de tout, et je l'attends à l'agonie.

GÉRONTE, *montrant Léandre.*

Qui est cet homme-là que vous amenez ?

SGANARELLE, *faisant des signes avec la main pour montrer que c'est un apothicaire.*

C'est...

GÉRONTE.

Quoi ?

SGANARELLE.

Celui...

GÉRONTE.

Hé !

SGANARELLE.

Qui.

GÉRONTE.

Je vous entends.

SGANARELLE.

Votre fille en aura besoin.

SCÈNE VI.

LUCINDE, GÉRONTE, LÉANDRE, JACQUELINE, SGANARELLE.

JACQUELINE.

Monsieu, v'là votre fille qui veut un peu marcher.

SGANARELLE.

Cela lui fera du bien. Allez vous-en, monsieur l'apothicaire, tâter un peu son pouls, afin que je raisonne tantôt avec vous de sa maladie.

(Sganarelle tire Géronte dans un coin du théâtre, et lui passe un bras sur les épaules pour l'empêcher de tourner la tête du côté où sont Léandre et Lucinde.)

Monsieur, c'est une grande et subtile question entre les docteurs, de savoir si les femmes sont plus faciles à guérir que les hommes. Je vous prie d'écouter ceci, s'il vous plaît. Les uns disent que non, les autres disent que oui : et moi je dis qu'oui et non ; d'autant que l'incongruité des humeurs opaques qui se rencontrent au tempérament naturel des femmes, étant cause que la partie brutale veut toujours prendre empire sur la sensitive, on voit que l'inégalité de leurs opinions dépend du mouvement oblique du cercle de la lune ; et comme le soleil, qui darde ses rayons sur la concavité de la terre, trouve...

LUCINDE, *à Léandre.*

Non, je ne suis point du tout capable de changer de sentiment.

GÉRONTE.

Voilà ma fille qui parle ! O grande vertu du remède ! O admirable medecin ! Que je vous suis obligé, monsieur, de cette guérison merveilleuse ! et que puis je faire pour vous après un tel service ?

SGANARELLE, *se promenant sur le théâtre et s'éventant avec son chapeau.*

Voilà une maladie qui m'a bien donné de la peine !

LUCINDE.

Oui, mon père, j'ai recouvré la parole ; mais je l'ai recouvrée pour vous dire que je n'aurai jamais d'autre époux que Léandre, et que c'est inutilement que vous voulez me donner Horace.

GÉRONTE.

Mais...

LUCINDE.

Rien n'est capable d'ébranler la résolution que j'ai prise.

GÉRONTE.

Quoi !...

LUCINDE.

Vous m'opposerez en vain de belles raisons.

GÉRONTE.

Si...

LUCINDE.

Tous vos discours ne serviront de rien.

GÉRONTE.

Je...

LUCINDE.

C'est une chose où je suis déterminée.

GÉRONTE.

Mais...

LUCINDE.

Il n'est puissance paternelle qui me puisse obliger à me marier malgré moi.

GÉRONTE.

J'ai...

6.

LUCINDE.

. Vous avez beau faire tous vos effor s.

GÉRONTE.

Il...

LUCINDE.

Mon cœur ne saurait se soumettre à cette ty-
rannie.

GÉRONTE.

La...

LUCINDE.

Et je me jeterai plutôt dans un couvent, que
d'épouser un homme que je n'aime point.

GÉRONTE.

Mais...

LUCINDE, *avec vivacité*.

Non. En aucune façon. Point d'affaires. Vous
perdez le temps. Je n'en ferai rien. Cela est résolu.

GÉRONTE.

Ah! quelle impétuosité de paroles! Il n'y a pas
moyen d'y résister. (*à Sganarelle*.) Monsieur, je
vous prie de la faire redevenir muette.

SGANARELLE.

C'est une chose qui m'est impossible. Tout ce
que je puis faire pour votre service est de vous
rendre sourd, si vous voulez.

GÉRONTE.

Je vous remercie. (*à Lucinde*.) Penses-tu donc...

LUCINDE.

Non, toutes vos raisons ne gagneront rien sur mon ame.

GÉRONTE.

Tu épouseras Horace dès ce soir.

LUCINDE.

J'épouserai plutôt la mort.

SGANARELLE, *à Géronte.*

Mon dieu! arrêtez vous, laissez moi médicamenter cette affaire; c'est une maladie qui la tient, et je sais le remede qu'il y faut apporter.

GERONTE.

Serait-il possible, monsieur, que vous puissiez aussi guérir cette maladie d'esprit?

SGANARELLE.

Oui; laissez-moi faire, j'ai des remèdes pour tout; et notre apothicaire nous servira pour cette cure. (*à Léandre.*) Un mot. Vous voyez que l'ardeur qu'elle a pour ce Léandre est tout a fait contraire aux volontés du père; qu'il n'y a point de temps à perdre; que les humeurs sont fort aigries; et qu'il est nécessaire de trouver promptement un remède à ce mal, qui pourrait empirer par le retardement. Pour moi je n'y en vois qu'un seul, qui est une prise de fuite purgative. que vous mêlerez comme il faut avec deux dragmes de matrimonium en pilules. Peut être fera-t elle quelque difficulté à prendre ce remède; mais comme vous êtes habile homme dans vôtre métier, c'est à vous de l'y résoudre, et de lui faire avaler la chose du mieux que vous pourrez. Allez-vous-en lui faire faire un petit tour de jardin, afin de préparer les humeurs, tandis que j'entretiendrai ici son père; mais sur-tout ne perdez point de temps. Au remède, vîte! au remède spécifique!

SCÈNE VII.

GÉRONTE, SGANARELLE.

GÉRONTE.

Quelles drogues, monsieur, sont celles que vous venez de dire? Il me semble que je ne les ai jamais oui nommer.

SGANARELLE.

Ce sont drogues dont on se sert dans les nécessités urgentes.

GÉRONTE.

Avez-vous jamais vu une insolence pareille à la sienne?

SGANARELLE.

Les filles sont quelquefois un peu têtues.

GÉRONTE.

Vous ne sauriez croire comme elle est affolée de ce Léandre.

SGANARELLE.

La chaleur du sang fait cela dans les jeunes esprits.

GÉRONTE.

Pour moi, dès que j'ai eu découvert la violence

de cet amour, j'ai su tenir toujours ma fille ren-
feimée.

SGANARELLE.

Vous avez fait sagement.

GÉRONTE.

Et j'ai bien empêché qu'ils n'aient eu communication ensemble.

SGANARELLE.

Fort bien.

GÉRONTE.

Il serait arrivé quelque folie, si j'avais souffert
qu'ils se fussent vus.

SGANARELLE.

Sans doute.

GÉRONTE.

Et je crois qu'elle aurait été fille à s'en aller avec
lui.

SGANARELLE.

C'est prudemment raisonner.

GÉRONTE.

On m'avertit qu'il fait tous ses efforts pour lui
parler.

SGANARELLE.

Quel drôle!

GÉRONTE.

Mais il perdra son temps.

SGANARELLE.

Ha! ha!

GÉRONTE.

Et j'empêcherai bien qu'il ne la voie.

SGANARELLE.

Il n'a pas affaire à un sot, et vous savez des rubriques qu'il ne sait pas. Plus fin que vous n'est pas bête.

SCÈNE VIII.

LUCAS, GÉRONTE, SGANARELLE.

LUCAS.

Ah! palsanguienne, monsieu, vaici bian du tintamarre; votre fille s'en est enfuie avec son Liandre. C'était lui qui était l'apothicaire; et v'là monsieu le médecin, qui a fait cette belle opération-là.

GÉRONTE.

Comment ! m'assassiner de la façon ! Allons, un commissaire; et qu'on empêche qu'il ne sorte. Ah! traître, je vous ferai punir par la justice.

LUCAS.

Ah! par ma fi, monsieu le médecin, vous serez pendu : ne bougez de là seulement.

SCÈNE IX.

MARTINE, SGANARELLE, LUCAS.

MARTINE, à Lucas.

Ah! mon dieu ! que j'ai eu de peine à trouver ce logis ! Dites-moi un peu des nouvelles du médecin que je vous ai donné.

LUCAS.

Le v'là qui va être pendu.

MARTINE.

Quoi! mon mari pendu! Hélas! et qu'a-t il fait pour cela?

LUCAS.

Il a fait enlever la fille de notre maître.

MARTINE.

Hélas! mon cher mari, est-il bien vrai qu'on te va pendre!

SGANARELLE.

Tu vois. Ah!

MARTINE.

Faut-il que tu te laisses mourir en présence de tant de gens!

SGANARELLE.

Que veux-tu que j'y fasse?

MARTINE.

Encore, si tu avais achevé de couper notre bois, je prendrais quelque consolation.

SGANARELLE.

Retire-toi de là, tu me fends le cœur!

MARTINE.

Non je veux demeurer pour t'encourager a la mort; et je ne te quitterai point que je ne t'aie vu pendu.

SGANARELLE.

Ah!

SCÈNE X.

GÉRONTE, SGANARELLE, MARTIN

GÉRONTE, *à Sganarelle.*

Le commissaire viendra bientôt, et l'on s'en
vous mettre en lieu où l'on me répondra de vo

SGANARELLE, *à genoux.*

Hélas ! cela ne se peut-il point changer en quelqu
coups de bâton?

GÉRONTE.

Non, non; la justice en ordonnera. Mais q
vois-je?

SCÈNE XI.

GÉRONTE, LÉANDRE, LUCIND.
SGANARELLE, LUCAS, MARTINE.

LÉANDRE.

Monsieur, je viens faire paraître Léandre à v
yeux, et remettre Lucinde en votre pouvoir. No
avons eu dessein de prendre la fuite nous deux,
de nous aller marier ensemble; mais cette entr
prise a fait place à un procédé plus honnête. Je
prétends point vous voler votre fille, et ce n'e
que de votre main que je veux la recevoir. Ce q
je vous dirai, monsieur, c'est que je viens, tout-
l'heure, de recevoir des lettres par où j'appren
que mon oncle est mort, et que je suis héritier
tous ses biens.

GÉRONTE.

Monsieur, votre vertu m'est tout-à-fait considérable; et je vous donne ma fille avec la plus grande joie du monde.

SGANARELLE, *à part*.

La medecine l'a échappé belle!

MARTINE

Puisque tu ne seras point pendu, rends moi grâce d'être médecin, car c'est moi qui t'ai procuré cet honneur.

SGANARELLE.

Oui, c'est toi qui m'as procuré je ne sais combien de coups de bâton.

LÉANDRE, *à Sganarelle.*

L'effet en est trop beau pour en garder du ressentiment.

SGANARELLE.

Soit. (*à Martine.*) Je te pardonne ces coups de bâton en faveur de la dignité où tu m'as élevé : mais prépare toi désormais à vivre dans un grand respect avec un homme de ma conséquence; et songe que la colère d'un médecin est plus à craindre qu'on ne peut croire,

FIN DU MEDECIN MALGRÉ LUI.

J

LE TARTUFFE,

COMÉDIE

EN CINQ ACTES.

1664.

PERSONNAGES.

Madame PERNELLE, mère d'Orgon.
ORGON, mari d'Elmire.
ELMIRE, femme d'Orgon.
DAMIS, fils d'Orgon.
MARIANE, fille d'Orgon.
VALERE, amant de Mariane.
CLÉANTE, beau-frère d'Orgon.
TARTUFFE, faux dévot.
DORINE, suivante de Mariane.
Monsieur LOYAL, sergent.
UN EXEMPT.
FLIPOTE, servante de madame Pernelle.

La scène est à Paris, dans la maison d'Orgon.

LE TARTUFFE,

COMÉDIE.

ACTE PREMIER.

SCÈNE I.

MADAME PERNELLE, ELMIRE, MARIANE, CLEANTE, DAMIS, DORINE, FLIPOTE.

MADAME PERNELLE.

Allons, Flipote, allons; que d'eux je me délivre.

ELMIRE.

Vous marchez d'un tel pas, qu'on a peine à vous suivre.

MADAME PERNELLE.

Laissez, ma bru, laissez; ne venez pas plus loin:
Ce sont toutes façons dont je n'ai pas besoin.

ELMIRE.

De ce que l'on vous doit envers vous l'on s'acquitte.
Mais, ma mere, d'où vient que vous sortez si vîte?

MADAME PERNELLE.

C'est que je ne puis voir tout ce ménage ci,

7.

Et que de me complaire on ne prend nul souci.
Oui, je sors de chez vous fort mal édifiée :
Dans toutes mes leçons j'y suis contrariée ;
On n'y respecte rien, chacun y parle haut,
Et c'est tout justement la cour du roi Pétaud.

DORINE.

Si...

MADAME PERNELLE.

Vous êtes, ma mie, une fille suivante,
Un peu trop forte en gueule, et fort impertinente ;
Vous vous mêlez sur tout de dire votre avis.

DAMIS.

Mais...

MADAME PERNELLE.

Vous êtes un sot, en trois lettres, mon fils ;
C'est moi qui vous le dis, qui suis votre grand'mère
Et j'ai prédit cent fois à mon fils, votre père,
Que vous preniez tout l'air d'un méchant garnement
Et ne lui donneriez jamais que du tourment.

MARIANE.

Je crois...

MADAME PERNELLE.

Mon dieu ! sa sœur, vous faites la discrète
Et vous n'y touchez pas, tant vous semblez doucette !
Mais il n'est, comme on dit, pire eau que l'eau qui
    doit ;
Et vous menez, sous cape, un train que je hais fort.

ELMIRE.

Mais, ma mère...

MADAME PERNELLE.

Ma bru, qu'il ne vous en déplaise,
Votre conduite, en tout, est tout à fait mauvaise;
Vous devriez leur mettre un bon exemple aux yeux;
Et leur défunte mère en usait beaucoup mieux.
Vous êtes dépensiere; et cet état me blesse,
Que vous alliez vêtue ainsi qu'une princesse.
Quiconque à son mari veut plaire seulement,
Ma bru, n'a pas besoin de tant d'ajustement.

CLÉANTE.

Mais, madame, après tout...

MADAME PERNELLE.

Pour vous, monsieur son frère,
Je vous estime fort, vous aime et vous révère:
Mais enfin, si j'étais de mon fils, son époux,
Je vous prierais bien fort de n'entrer point chez nous.
Sans cesse vous prêchez des maximes de vivre
Qui par d'honnêtes gens ne se doivent point suivre.
Je vous parle un peu franc; mais c'est là mon humeur,
Et je ne mâche point ce que j'ai sur le cœur.

DAMIS.

Votre monsieur Tartuffe est bien heureux, sans
doute...

MADAME PERNELLE.

C'est un homme de bien, qu'il faut que l'on écoute;
Et je ne puis souffrir, sans me mettre en courroux,
De le voir quereller par un fou comme vous.

DAMIS.

Quoi! je souffrirai, moi, qu'un cagot de critique
Vienne usurper céans un pouvoir tyrannique;

Et que nous ne puissions à rien nous divertir,
Si ce beau monsieur-là n'y daigne consentir ?

DORINE.

S'il le faut écouter et croire à ses maximes,
On ne peut faire rien qu'on ne fasse des crimes ;
Car il contrôle tout, ce critique zélé.

MADAME PERNELLE.

Et tout ce qu'il contrôle est fort bien contrôlé.
C'est au chemin du ciel qu'il pretend vous conduire :
Et mon fils à l'aimer vous devrait tous induire.

DAMIS.

Non, voyez vous, ma mère, il n'est père, ni rien,
Qui me puisse obliger à lui vouloir du bien :
Je trahirais mon cœur de parler d'autre sorte.
Sur ses façons de faire à tous coups je m'emporte :
J'en prévois une suite, et qu'avec ce pied-plat
Il faudra que j'en vienne à quelque grand éclat.

DORINE.

Certes, c'est une chose aussi qui scandalise,
De voir qu'un inconnu céans s'impatronise ;
Qu'un gueux, qui, quand il vint, n'avait pas de
    souliers,
Et dont l'habit entier valait bien six deniers,
En vienne jusques là que de se méconnaître,
De contrarier tout, et de faire le maître.

MADAME PERNELLE.

Hé ! merci de ma vie ! il en irait bien mieux
Si tout se gouvernait par ses ordres pieux.

DORINE.

Il passe pour un saint dans votre fantaisie :

Tout son fait, croyez-moi, n'est rien qu'hypocrisie.

        MADAME PERNELLE.

Voyez la langue!

            DORINE.

        A lui, non plus qu'à son Laurent,
Je ne me fierais, moi, que sur un bon garant.

        MADAME PERNELLE.

J'ignore ce qu'au fond le serviteur peut être;
Mais pour homme de bien je garantis le maître.
Vous ne lui voulez mal et ne le rebutez
Qu'à cause qu'il vous dit à tous vos vérités.
C'est contre le péché que son cœur se courrouce,
Et l'intérêt du ciel est tout ce qui le pousse.

            DORINE.

Oui; mais pourquoi, surtout depuis un certain
    temps,
Ne saurait-il souffrir qu'aucun hante céans?
En quoi blesse le ciel une visite honnête,
Pour en faire un vacarme à nous rompre la tête?
Veut-on que là-dessus je m'explique entre nous?....
    (montrant Elmire.)
Je crois que de madame il est, ma foi, jaloux.

        MADAME PERNELLE.

Taisez-vous, et songez aux choses que vous dites.
Ce n'est pas lui tout seul qui blâme ces visites:
Tout ce tracas qui suit les gens que vous hantez,
Ces carrosses sans cesse à la porte plantés,
Et de tant de laquais le bruyant assemblage,
Font un éclat fâcheux dans tout le voisinage.
Je veux croire qu'au fond il ne se passe rien:

Mais enfin on en parle; et cela n'est pas bien.

CLÉANTE.

Hé! voulez vous, madame, empêcher qu'on ne
    cause?
Ce serait dans la vie une fâcheuse chose,
Si, pour les sots discours où l'on peut être mis,
Il fallait renoncer à ses meilleurs amis.
Et quand même on pourrait se résoudre à le faire,
Croiriez-vous obliger tout le monde à se taire?
Contre la médisance il n'est point de rempart.
A tous les sots caquets n'ayons donc nul égard;
Efforçons nous de vivre avec toute innocence,
Et laissons aux causeurs une pleine licence.

DORINE.

Daphné, notre voisine, et son petit époux,
Ne seraient-ils point ceux qui parlent mal de nous?
Ceux de qui la conduite offre le plus à rire
Sont toujours sur autrui les premiers à médire:
Ils ne manquent jamais de saisir promptement
L'apparente lueur du moindre attachement,
D'en semer la nouvelle avec beaucoup de joie,
Et d'y donner le tour qu'ils veulent qu'on y croie:
Des actions d'autrui, teintes de leurs couleurs,
Ils pensent dans le monde autoriser les leurs,
Et, sous le faux espoir de quelque ressemblance,
Aux intrigues qu'ils ont donner de l'innocence,
Ou faire ailleurs tomber quelques traits partagés
De ce blâme public dont ils sont trop chargés.

MADAME PERNELLE.

Tous ces raisonnements ne font rien à l'affaire.

On sait qu'Orante mène une vie exemplaire ;
Tous ses soins vont au ciel : et j'ai su par des gens
Qu'elle condamne fort le train qui vient céans.

DORINE.

L'exemple est admirable, et cette dame est bonne !
Il est vrai qu'elle vit en austère personne ;
Mais l'âge dans son ame a mis ce zèle ardent,
Et l'on sait qu'elle est prude à son corps défendant.
Tant qu'elle a pu des cœurs attirer les hommages,
Elle a fort bien joui de tous ses avantages.
Mais voyant de ses yeux tous les brillants baisser,
Au monde qui la quitte elle veut renoncer,
Et du voile pompeux d'une haute sagesse
De ses attraits usés déguiser la faiblesse.
Ce sont là les retours des coquettes du temps :
Il leur est dur de voir déserter les galants.
Dans un tel abandon, leur sombre inquiétude
Ne voit d'autre recours que le métier de prude ;
Et la sévérité de ces femmes de bien
Censure toute chose, et ne pardonne à rien ;
Hautement d'un chacun elles blâment la vie,
Non point par charité, mais par un trait d'envie
Qui ne sauroit souffrir qu'une autre ait les plaisirs
Dont le penchant de l'âge a sevré leurs désirs.

MADAME PERNELLE, à Elmire.

Voilà les contés bleus qu'il vous faut pour vous
          plaire,
Ma bru. L'on est chez vous contrainte de se taire :
Car madame, à jaser, tient le dé tout le jour.
Mais enfin je prétends discourir à mon tour :

Je vous dis que mon fils n'a rien fait de plus sage
Qu'en recueillant chez soi ce dévot personnage ;
Que le ciel au besoin l'a céans envoyé
Pour redresser à tous votre esprit fourvoyé ;
Que, pour votre salut, vous le devez entendre ;
Et qu'il ne reprend rien qui ne soit à reprendre.
Ces visites, ces bals, ces conversations,
Sont du malin esprit toutes inventions.
Là, jamais on entend de pieuses paroles ;
Ce sont propos oisifs, chansons et fariboles :
Bien souvent le prochain en a sa bonne part,
Et l'on y sait médire et du tiers et du quart.
Enfin les gens sensés ont leurs têtes troublées
De la confusion de telles assemblées :
Mille caquets divers s'y font en moins de rien ;
Et, comme l'autre jour un docteur dit fort bien,
C'est véritablement la tour de Babylone,
Car chacun y babille, et tout du long de l'aune :
Et pour conter l'histoire où ce point l'engagea...
        (*montrant Cléante.*)
Voilà t-il pas monsieur qui ricane déjà !
Allez chercher vos fous qui vous donnent à rire,
        (*à Elmire.*)
Et sans... Adieu, ma bru ; je ne veux plus rien dire
Sachez que pour céans j'en rabats de moitié,
Et qu'il fera beau temps quand 'y mettrai le pié.
        (*donnant un soufflet a Flipote.*)
Allons, vous, vous rêvez, et bayez aux corneilles
Jour de dieu ! je saurai vous frotter les oreilles.
Marchons, gaupe, marchons.

SCÈNE II.

CLÉANTE, DORINE.

CLÉANTE.

Je n'y veux point aller,
De peur qu'elle ne vînt encor me quereller;
Que cette bonne femme...

DORINE.

Ah! certes, c'est dommage
Qu'elle ne vous ouît tenir un tel langage :
Elle vous dirait bien qu'elle vous trouve bon,
Et qu'elle n'est point d'âge à lui donner ce nom.

CLÉANTE.

Comme elle s'est pour rien contre nous échauffée!
Et que de son Tartuffe elle paraît coiffée!

DORINE.

Oh! vraiment, tout cela n'est rien au prix du fils :
Et, si vous l'aviez vu, vous diriez : C'est bien pis!
Nos troubles l'avaient mis sur le pied d'homme
    sage,
Et, pour servir son prince, il montra du courage:
Mais il est devenu comme un homme hébété,
Depuis que de Tartuffe on le voit entêté;
Il l'appelle son frère, et l'aime dans son ame
Cent fois plus qu'il ne fait mère, fils, fille, et
    femme.
C'est de tous ses secrets l'unique confident,
Et de ses actions le directeur prudent;
Il le choie, il l'embrasse; et pour une maîtresse

3.   3

On ne saurait, je pense, avoir plus de tendresse
A table, au plus haut bout il veut qu'il soit assis
Avec joie il l'y voit manger autant que six;
Les bons morceaux de tout, il faut qu'on les lu
cède ;
Et, s'il vient à rotter, il lui dit : Dieu vous aide
Enfin il en est fou; c'est son tout, son héros;
Il l'admire à tous coups, le cite a tous propos;
Ses moindres actions lui semblent des miracles,
Et tous les mots qu'il dit sont pour lui des oracles.
Lui, qui connaît sa dupe, et qui veut en jouir,
Par cent dehors fardes a l'art de l'éblouir,
Son cagotisme en tire, à toute heure, des somme
Et prend droit de gloser sur tous tant que no
sommes.
Il n'est pas jusqu'au fat qui lui sert de garçon
Qui ne se mêle aussi de nous faire leçon ;
Il vient nous sermouner avec des yeux farouches
Et jeter nos rubans, notre rouge et nos mouches
Le traître, l'autre jour, nous rompit de ses mai
Un mouchou qu'il trouva dans une Fleur des saint
Disant que nous mêlions, par un crime effroyable
Avec la sainteté les parures du diable.

SCÈNE III.

ELMIRE, MARIANE, DAMIS, CLÉANT
DORINE.

ELMIRE, à Cléante.

Vous êtes bien heureux de n'être point venu

Au discours qu'à la porte elle nous a tenu.
Mais j'ai vu mon mari; comme il ne m'a point vue,
Je veux aller là-haut attendre sa venue.

CLÉANTE.

Moi, je l'attends ici pour moins d'amusement;
Et je vais lui donner le bon jour seulement.

SCÈNE IV.

CLÉANTE, DAMIS, DORINE.

DAMIS.

De l'hymen de ma sœur touchez-lui quelque chose.
J'ai soupçon que Tartuffe à son effet s'oppose,
Qu'il oblige mon père à des détours si grands;
Et vous n'ignorez pas quel intérêt j'y prends.
Si même ardeur enflamme et ma sœur et Valère,
La sœur de cet ami, vous le savez, m'est chere;
Et s'il fallait...

DORINE.

Il entre.

SCÈNE V.

ORGON, CLÉANTE, DORINE.

ORGON.

Ah! mon frère, bon jour.

CLÉANTE.

Je sortais, et j'ai joie à vous voir de retour.
La campagne à présent n'est pas beaucoup fleurie.

ORGON.

(*à Cléante.*)

Dorine... Mon beau-frère, attendez, je vous prie.
Vous voulez bien souffrir, pour m'ôter de souci,
Que je m'informe un peu des nouvelles d'ici.

(*à Dorine.*)

Tout s'est-il, ces deux jours, passé de bonne sorte?
Qu'est-ce qu'on fait céans? comme est-ce qu'on s'y
    porte?

DORINE.

Madame eut avant-hier la fièvre jusqu'au soir,
Avec un mal de tête étrange à concevoir.

ORGON.

Et Tartuffe?

DORINE.

    Tartuffe! il se porte à merveille,
Gros et gras, le teint frais, et la bouche vermeille.

ORGON.

Le pauvre homme!

DORINE.

    Le soir, elle eut un grand dégoût,
Et ne put, au souper, toucher à rien du tout,
Tant sa douleur de tête était encor cruelle!

ORGON.

Et Tartuffe?

DORINE.

    Il soupa, lui tout seul, devant elle,
Et fort dévotement il mangea deux perdrix,
Avec une moitié de gigot en hachis.

ORGON.

Le pauvre homme !

DORINE.

La nuit se passa toute entière
Sans qu'elle pût fermer un moment la paupière;
Des chaleurs l'empêchaient de pouvoir sommeiller.
Et jusqu'au jour, près d'elle, il nous fallut veiller.

ORGON.

Et Tartuffe?

DORINE.

Pressé d'un sommeil agréable,
Il passa dans sa chambre au sortir de la table;
Et dans son lit bien chaud il se mit tout soudain,
Où, sans trouble, il dormit jusques'au lendemain.

ORGON.

Le pauvre homme !

DORINE.

A la fin par nos raisons gagnée,
Elle se résolut à souffrir la saignée;
Et le soulagement suivit tout aussitôt.

ORGON.

Et Tartuffe?

DORINE.

Il reprit courage comme il faut;
Et, contre tous les maux fortifiant son ame,
Pour réparer le sang qu'avait perdu madame,
But, a son déjeûné, quatre grands coups de vin.

ORGON.

Le pauvre homme !

8.

DORINE.

Tous deux se portent bien enfin ;
Et je vais à madame, annoncer, par avance,
La part que vous prenez à sa convalescence.

SCÈNE VI.

ORGON, CLÉANTE.

CLÉANTE.

A votre nez, mon frère, elle se rit de vous :
Et, sans avoir dessein de vous mettre en courroux,
Je vous dirai tout franc que c'est avec justice.
A-t on jamais parlé d'un semblable caprice ?
Et se peut il qu'un homme ait un charme aujour-
d'hui
A vous faire oublier toutes choses pour lui ;
Qu'après avoir chez vous réparé sa misère,
Vous en veniez au point...?

ORGON.

Alte là, mon beau-frère ;
Vous ne connaissez pas celui dont vous parlez.

CLÉANTE.

Je ne le connais pas, puisque vous le voulez ;
Mais enfin, pour savoir quel homme ce peut être...

ORGON.

Mon frère, vous seriez charmé de le connaître,
Et vos ravissements ne prendraient point de fin.
C'est un homme... qui... ah !..... un homme... un
homme enfin

Qui suit bien ses leçons, goûte une paix profonde,
Et comme du fumier regarde tout le monde.
Oui, je deviens tout autre avec son entretien ;
Il m'enseigne à n'avoir affection pour rien,
De toutes amitiés il détach mon ame ;
Et je verrais mourir frère, enfants, mère, et femme,
Que je m'en soucierais autant que de cela.

CLÉANTE.

Les sentiments humains, mon frère, que voilà !

ORGON.

Ah ! si vous aviez vu comme j'en fis rencontre,
Vous auriez pris pour lui l'amitié que je montre.
Chaque jour à l'église il venait d'un air doux,
Tout vis-à-vis de moi se mettre à deux genoux.
Il attirait les yeux de l'assemblée entière
Par l'ardeur dont au ciel il poussait sa prière ;
Il faisait des soupirs, de grands élancements.
Et baisait humblement la terre à tous moments :
Et, lorsque je sortais, il me devançait vîte
Pour m'aller, à la porte, offrir de l'eau bénite.
Instruit par son garçon, qui dans tout l'imitait,
Et de son indigence, et de ce qu'il était,
Je lui faisais des dons, mais, avec modestie,
Il me voulait toujours en rendre une partie.
C'est trop, me disait il, *c'est trop de la moitié ;*
Je ne mérite pas de vous faire pitié.
Et quand je refusais de le vouloir reprendre,
Aux pauvres, à mes yeux, il allait le répandre.
Enfin le ciel chez moi me le fit retirer,
Et depuis ce temps là tout semble y prospérer.

Je vois qu'il reprend tout, et qu'à ma femme même
Il prend, pour mon honneur, un intérêt extrême;
Il m'avertit des gens qui lui font les yeux doux,
Et plus que moi six fois il s'en montre jaloux.
Mais vous ne croiriez point jusqu'où monte son zèle:
Il s'impute à péché la moindre bagatelle;
Un rien presque suffit pour le scandaliser;
Jusques là qu'il se vint, l'autre jour, accuser
D'avoir pris une puce en faisant sa prière,
Et de l'avoir tuée avec trop de colère.

CLÉANTE.

Parbleu! vous êtes fou, mon frère, que je croi.
Avec de tels discours vous moquez-vous de moi?
Et que prétendez vous? Que tout ce badinage...

ORGON.

Mon frère, ce discours sent le libertinage:
Vous en êtes un peu dans votre ame entiché;
Et, comme je vous l'ai plus de dix fois prêché,
Vous vous attirerez quelque méchante affaire.

CLÉANTE.

Voilà de vos pareils le discours ordinaire:
Ils veulent que chacun soit aveugle comme eux.
C'est être libertin que d'avoir de bons yeux;
Et qui n'adore pas de vaines simagrées
N'a ni respect ni foi pour les choses sacrées.
Allez, tous vos discours ne me font point de peur;
Je sais comme je parle, et le ciel voit mon cœur.
De tous vos façonniers on n'est point les esclaves.
Il est de faux dévots ainsi que de faux braves:
Et comme on ne voit pas qu'où l'honneur les conduit

Les vrais braves soient ceux qui font beaucoup de
    bruit,
Les bons et vrais dévots, qu'on doit suivre à la trace,
Ne sont pas ceux aussi qui font tant de grimace.
Hé quoi ! vous ne ferez nulle distinction
Entre l'hypocrisie et la dévotion?
Vous les voulez traiter d'un semblable langage,
Et rendre même honneur au masque qu'au visage,
Egaler l'artifice à la sincérité,
Confondre l'apparence avec la vérité,
Estimer le fantôme autant que la personne,
Et la fausse monnoie à l'égal de la bonne?
Les hommes la plupart sont étrangement faits;
Dans la juste nature on ne les voit jamais :
La raison a pour eux des bornes trop petites,
En chaque caractère ils passent ses limites;
Et la plus noble chose, ils la gâtent souvent
Pour la vouloir outrer et pousser trop avant.
Que cela vous soit dit en passant, mon beau-frère.

ORGON.

Oui, vous êtes sans doute un docteur qu'on révère;
Tout le savoir du monde est chez vous retiré;
Vous êtes le seul sage et le seul éclairé,
Un oracle, un Caton dans le siècle où nous sommes :
Et près de vous ce sont des sots que tous les hommes.

CLÉANTE.

Je ne suis point mon frère un docteur révéré;
Et le savoir chez moi n'est pas tout retiré.
Mais, en un mot, je sais, pour toute ma science,
Du faux avec le vrai faire la différence.

Et comme je ne vois nulle genre de héros
Qui soit plus à priser que les parfaits dévots,
Aucune chose au monde et plus noble et plus belle
Que la sainte ferveur d'un véritable zèle ;
Aussi ne vois-je rien qui soit plus odieux
Que le dehors plâtré d'un zèle specieux,
Que ces francs charlatans, que ces dévots de place,
De qui la sacrilége et trompeuse grimace
Abuse impunément, et se joue, à leur gré,
De ce qu'ont les mortels de plus saint et sacré ;
Ces gens qui, par une ame à l'intérêt soumise,
Font de dévotion métier et marchandise,
Et veulent acheter crédit et dignités
A prix de faux clins d'yeux et d'élans affectés ;
Ces gens, dis-je, qu'on voit d'une ardeur non
    commune
Par le chemin du ciel courir à leur fortune ;
Qui, brûlants et priants, demandent chaque jour,
Et prêchent la retraite au milieu de la cour ;
Qui savent ajuster leur zèle avez leurs vices,
Sont prompts, vindicatifs, sans foi, pleins d'artifices,
Et pour perdre quelqu'un couvrent insolemment
De l'intérêt du ciel leur fier ressentiment,
D'autant plus dangereux dans leur âpre colère,
Qu'ils prennent contre nous des armes qu'on révère,
Et que leur passion, dont on leur sait bon gré,
Veut nous assassiner avec un fer sacré :
De ce faux caractère on en voit trop paraître.
Mais les dévots de cœur sont aisés à connaître.
Notre siècle, mon frère, en expose à nos yeux

Qui peuvent nous servir d'exemples glorieux.
Regardez Ariston, regardez Périandre,
Oronte, Alcidamas, Polydore, Clitandre;
Ce titre par aucun ne leur est débattu,
Ce ne sont point du·tout fanfarons de vertu;
On ne voit point en eux ce faste insupportable,
Et leur devotion est humaine, est traitable:
Ils ne censurent point toutes nos actions,
Ils trouvent trop d'orgueil dans ces corrections;
Et, laissant la fierté des paroles aux autres,
C'est par leurs actions qu'ils reprennent les nôtres.
L'apparence du mal a chez eux peu d'appui,
Et leur ame est portée à juger bien d'autrui.
Point de cabales en eux, point d'intrigues à suivre;
On les voit, pour tous soins, se mêler de bien vivre.
Jamais contre un pécheur ils n'ont d'acharnement,
Ils attachent leur haine au péché seulement,
Et ne veulent point prendre, avec un zèle extrême,
Les intérêts du ciel plus qu'il ne veut lui-même.
Voilà mes gens, voilà comme il en faut user,
Voila l'exemple enfin qu'il se faut proposer.
Votre homme, à dire vrai, n'est pas de ce modèle:
C'est de fort bonne foi que vous vantez son zele,
Mais par un faux éclat je vous crois ébloui.

ORGON.

~ Monsieur mon cher beau-frere, avez vous tout dit?

CLEANTE.

Oui.

ORGON, s'en allant.

Je suis votre valet.

CLÉANTE.

De grâce, un mot, mon frère.
Laissons là ce discours. Vous savez que Valère,
Pour être votre gendre, a parole de vous.

ORGON.

Oui.

CLÉANTE.

Vous aviez pris jour pour un lien si doux.

ORGON.

Il est vrai.

CLÉANTE.

Pourquoi donc en différer la fête?

ORGON.

Je ne sais.

CLÉANTE.

Auriez vous autre pensée en tête?

ORGON.

Peut-être.

CLÉANTE.

Vous voulez manquer à votre foi?

ORGON.

Je ne dis pas cela.

CLÉANTE.

Nul obstacle, je crois,
Ne vous peut empêcher d'accomplir vos promesses

ORGON.

Selon.

CLÉANTE.

Pour dire un mot faut-il tant de finesses?
Valère, sur ce point, me fait vous visiter.

ORGON.

Le ciel en soit loué !

CLÉANTE.

Mais que lui reporter ?

ORGON.

Tout ce qu'il vous plaira.

CLÉANTE.

Mais il est nécessaire

De savoir vos desseins. Quels sont ils donc ?

ORGON.

De faire

Ce que le ciel voudra.

CLÉANTE.

Mais parlons tout de bon.

Valère a votre foi ; la tiendrez-vous, ou non ?

ORGON.

Adieu.

CLÉANTE, *seul.*

Pour son amour je crains une disgrace,
Et je dois l'avertir de tout ce qui se passe.

FIN DU PREMIER ACTE.

ACTE SECOND.

SCÈNE I.

ORGON, MARIANE.

ORGON.

MARIANE.

MARIANE.

Mon pere?

ORGON.

, Approchez, j'ai de quoi
Vous parler en secret.

MARIANE, *à Orgon qui regarde dans un cabinet*
Que cherchez vous?

ORGON.

Je voi
Si quelqu'un n'est point là qui pourrait nous en-
— tendre,
Car ce petit endroit est propre pour surprendre.
Or sus, nous voilà bien. J'ai, Mariane, en vous
Reconnu de tout temps un esprit assez doux,
Et de tout temps aussi vous m'avez été chère.

MARIANE.

Je suis fort redevable à cet amour de père.

ORGON.

C'est fort bien dit, ma fille; et, pour le mériter,
Vous devez n'avoir soin que de me contenter.

MARIANE.

C'est où je mets aussi ma gloire la plus haute.

ORGON.

Fort bien. Que dites-vous de Tartuffe notre hôte?

MARIANE.

Qui? moi?

ORGON.

Vous. Voyez bien comme vous répondrez.

MARIANE.

Hélas! j'en dirai, moi, tout ce que vous voudrez.

SCÈNE II.

ORGON, MARIANE; DORINE, en-
*trant doucement, et se tenant derrière Orgon,
sans être vue.*

ORGON.

C'est parler sagement... Dites-moi donc, ma fille,
Qu'en toute sa personne un haut mérite brille,
Qu'il touche votre cœur, et qu'il vous serait doux
De le voir, par mon choix, devenir votre époux.
Hé!

MARIANE.

Hé!

ORGON.

Qu'est-ce?

MARIANE.

Plaît-il?

ORGON.

Quoi?

MARIANE.

Me, suis-je méprise ?

ORGON.

Comment ?

MARIANE.

Qui voulez vous, mon père, que je dise
Qui me touche le cœur, et qu'il me serait doux
De voir, par votre choix, devenir mon époux ?

ORGON.

Tartuffe.

MARIANE.

Il n'en est rien, mon père, je vous jure.
Pourquoi me faire dire une telle imposture ?

ORGON.

Mais je veux que cela soit une vérité ;
Et c'est assez pour vous que je l'aie arrêté.

MARIANE.

Quoi ! vous voulez, mon père...?

ORGON.

Oui, je prétends, ma fille,
Unir, par votre hymen, Tartuffe à ma famille.
Il sera votre époux, j'ai résolu cela ;

(apercevant Dorine.)

Et comme sur vos vœux je... Que faites vous là ?
La curiosité qui vous presse est bien forte,
Ma mie, à nous venir écouter de la sorte.

DORINE.

Vraiment, je ne sais pas si c'est un bruit qui part
De quelque conjecture, ou d'un coup de hasard ;
Mais de ce mariage on m'a dit la nouvelle,

Et j'ai traité cela de pure bagatelle.

ORGON.

Quoi donc! la chose est-elle incroyable!

DORINE.

A tel point
Que vous même, monsieur, je ne vous en crois
   point.

ORGON.

Je sais bien le moyen de vous le faire croire.

DORINE.

Oui! oui! vous nous contez une plaisante histoire!

ORGON.

Je conte justement ce qu'on verra dans peu.

DORINE.

Chansons!

ORGON.

Ce que je dis, ma fille, n'est point jeu.

DORINE.

Allez, ne croyez point à monsieur votre père;
Il raille.

ORGON.

Je vous dis...

DORINE.

Non, vous avez beau faire,
On ne vous croira point.

ORGON.

A la fin, mon courroux...

DORINE.

Hé bien! on vous croit donc; et c'est tant pis pour
   vous.

9.

Quoi ! se peut-il, monsieur, qu'avec l'air d'homme sage,
Et cette large barbe au milieu du visage,
Vous soyez assez fou pour vouloir... ?

ORGON.

Ecoutez :
Vous avez pris céans certaines privautés
Qui ne me plaisent point ; je vous le dis, ma mie.

DORINE.

Parlons sans nous fâcher, monsieur, je vous supplie.
Vous moquez-vous des gens d'avoir fait ce complot ?
Votre fille n'est point l'affaire d'un bigot :
Il a d'autres emplois auxquels il faut qu'il pense.
Et puis, que vous apporte une telle alliance ?
A quel sujet aller, avec tout votre bien,
Choisir un gendre gueux... ?

ORGON.

Taisez-vous. S'il n'a rien,
Sachez que c'est par là qu'il faut qu'on le révère.
Sa misère est sans doute une honnête misère ;
Au-dessus des grandeurs elle doit l'élever,
Puisqu'enfin de son bien il s'est laissé priver
Par son trop peu de soin des choses temporelles,
Et sa puissante attache aux choses éternelles.
Mais mon secours pourra lui donner les moyens
De sortir d'embarras, et rentrer dans ses biens :
Ce sont fiefs qu'à bon titre au pays on renomme ;
Et, tel que l'on le voit, il est bien gentilhomme.

DORINE.

Oui, c'est lui qui le dit, et cette vanité,

Monsieur, ne sied pas bien avec la piété.
Qui d'une sainte vie embrasse l'innocence
Ne doit point tant prôner son nom et sa naissance :
Et l'humble procédé de la dévotion
Souffre mal les éclats de cette ambition.
A quoi bon cet orgueil ?... Mais ce discours vous
    blesse :
Parlons de sa personne, et laissons sa noblesse.
Ferez-vous possesseur, sans quelque peu d'ennui,
D'une fille comme elle un homme comme lui ?
Et ne devez-vous pas songer aux bienséances,
Et de cette union prévoir les conséquences ?
Sachez que d'une fille on risque la vertu,
Lorsque dans son hymen son goût est combattu ;
Que le dessein d'y vivre en honnête personne
Dépend des qualités du mari qu'on lui donne ;
Et que ceux dont partout on montre au doigt le front
Font leurs femmes souvent ce qu'on voit qu'elles
    sont.
Il est bien difficile enfin d'être fidèle
A de certains maris faits d'un certain modèle ;
Et qui donne à sa fille un homme qu'elle hait
Est responsable au ciel des fautes qu'elle fait.
Songez à quels périls votre destin vous livre.
         ORGON.
Je vous dis qu'il me faut apprendre d'elle à vivre !
         DORINE.
Vous n'en feriez que mieux de suivre mes leçons.
         ORGON.
Ne nous amusons point, ma fille à ces chansons ;

Je sais ce qu'il vous faut, et je suis votre père.
J'avais donné pour vous ma parole à Valère :
Mais outre qu'à jouer on dit qu'il est enclin,
Je le soupçonne encor d'être un peu libertin;
Je ne remarque point qu'il hante les églises.

DORINE.

Voulez-vous qu'il y coure à vos heures précises,
Comme ceux qui n'y vont que pour être aperçus?

ORGON.

Je ne demande pas votre avis là-dessus.
Enfin avec le ciel l'autre est le mieux du monde,
Et c'est une richesse à nulle autre seconde.
Cet hymen de tous biens comblera vos désirs,
Il sera tout confit en douceurs et plaisirs.
Ensemble vous vivrez, dans vos ardeurs fidèles,
Comme deux vrais amants, comme deux tourterelles:
A nul fâcheux débat jamais vous n'en viendrez;
Et vous ferez de lui tout ce que vous voudrez.

DORINE.

Elle! elle n'en fera qu'un sot, je vous assure.

ORGON.

Ouais! quels discours!

DORINE.

       Je dis qu'il en a l'encolure,
Et que son ascendant, monsieur, l'emportera
Sur toute la vertu que votre fille aura.

ORGON.

Cessez de m'interrompre, et songez à vous taire,
Sans mettre votre nez où vous n'avez que faire.

DORINE.

Je n'en parle, monsieur, que pour votre intérêt.

ORGON.

C'est prendre trop de soin : taisez-vous, s'il vous
  plaît.

DORINE.

Si l'on ne vous aimait...

ORGON.

Je ne veux pas qu'on m'aime.

DORINE.

Et je veux vous aimer, monsieur, malgré vous-
  même.

ORGON.

Ah !

DORINE.

Votre honneur m'est cher, et je ne puis souffrir
Qu'aux brocards d'un chacun vous alliez vous offrir.

ORGON.

Vous ne vous tairez point !

DORINE.

C'est une conscience
Que de vous laisser faire une telle alliance.

ORGON.

Te tairas-tu, serpent, dont les traits effrontés...?

DORINE.

Ah ! vous êtes dévot, et vous vous emportez !

ORGON.

Oui, ma bile s'échauffe à toutes ces fadaises,
Et tout résolument je veux que tu te taises.

DORINE.

Soit...Mais, ne disant mot, je n'en pense pas moi

ORGON.

Pense, si tu le veux; mais applique tes soins

(à sa fille

A ne m'en point parler, ou... Suffit... Comme sa
J'ai pesé mûrement toutes choses.

DORINE, à part.

J'enrage

De ne pouvoir parler.

ORGON.

Sans être damoiseau,
Tartuffe est fait de sorte...

DORINE, à part.

Oui, c'est un beau muse

ORGON.

Que quand tu n'aurais même aucune sympathie
Pour tous les autres dons...

DORINE, à part.

La voilà bien lotie!

(Orgon se tourne du côté de Dorine, et les b
croisés, l'écoute et la regarde en face.)

Si j'étais en sa place, un homme assurément
Ne m'épouserait pas de force impunément :
Et je lui ferais voir, bientôt, après la fête,
Qu'une femme a toujours une vengeance prête.

ORGON, à Dorine.

Donc de ce que je dis on ne fera nul cas?

DORINE.

De quoi vous plaignez-vous? Je ne vous parle

ORGON.

Qu'est-ce que tu fais donc?

DORINE.

Je me parle à moi-mêm

ORGON, *à part.*

Fort bien. Pour châtier son insolence extrême,
Il faut que je lui donne un revers de ma main.
(*Il se met en posture de donner un soufflet
Dorine ; et, à chaque mot qu'il dit à sa fill
il se tourne pour regarder Dorine, qui se tie
droite sans parler.*)
Ma fille, vous devez approuver mon dessein...
Croire que le mari... que j'ai su vous élire...
(*à Dorine.*)
Que ne te parles-tu?

DORINE.

Je n'ai rien à me dire.

ORGON.

Encore un petit mot.

DORINE.

Il ne me plaît pas, moi.

ORGON.

ertes, je t'y guettais.

DORINE.

Quelque sotte, ma foi !...

ORGON.

Enfin, ma   e, il faut payer d'obéissance,
Et montrer | ur mon choix entière déférence.

D   RINE, *en s'enfuyant.*

Je me moquera   fort de prendre un tel époux

ORGON, *après avoir manqué de donner un*
soufflet à Dorine.

ous avez-là, ma fille, une peste avec vous,
vec qui, sans péché, je ne saurais plus vivre.
e me sens hors d'état maintenant de poursuivre;
es discours insolents m'ont mis l'esprit en feu,
t je vais prendre l'air pour me rasseoir un peu.

SCÈNE III.

MARIANE, DORINE.

DORINE.

ez-vous donc perdu, dites-moi, la parole?
t faut-il qu'en ceci je fasse votre rôle?
uffrir qu'on vous propose un projet insensé,
s que du moindre mot vous l'ayez repoussé!

MARIANE.

ntre un père absolu que veux-tu que je fasse?

DORINE.

qu'il faut pour parer une telle menace.

MARIANE.

oi?

DORINE.

Lui dire qu'un cœur n'aime point par autrui;
e vous vous mariez pour vous, non pas pour lui,
étant celle pour qui se fait toute l'affaire,
st à vous, non à lui, que le mari doit plaire;
que si son Tartuffe est pour lui si charmant,
e peut épouser sans nul empêchement.

MARIANE.

Un père, je l'avoue, a sur nous tant d'empire,
Que je n'ai jamais eu la force de rien dire.

DORINE.

Mais raisonnons. Valere a fait pour vous des pas :
L'aimez vous, je vous prie, ou ne l'aimez-vous pas ?

MARIANE.

Ah ! qu'envers mon amour ton injustice est grande,
Dorine ! me dois-tu faire cette demande ?
T'ai je pas là-dessus ouvert cent fois mon cœur ?
Et sais-tu pas pour lui jusqu'où va mon ardeur ?

DORINE.

Que sais-je si le cœur a parlé par la bouche,
Et si c'est tout de bon que cet amant vous touche ?

MARIANE.

Tu me fais un grand tort, Dorine, d'en douter,
Et mes vrais sentiments ont su trop éclater.

DORINE.

Enfin, vous l'aimez donc ?

MARIANE.

                    Oui, d'une ardeur extrême.

DORINE.

Et selon l'appaience il vous aime de même ?

MARIANE.

Je le crois.

DORINE.

        Et tous deux brûlez également
De vous voir mariés ensemble ?

MARIANE.

                    Assurément.

3.   10

DORINE.

Sur cette autre union quelle est donc votre attente?

MARIANE.

De me donner la mort, si l'on me violente.

DORINE.

Fort bien. C'est un recours où je ne songeais pas.
Vous n'avez qu'à mourir pour sortir d'embarras.
Le remède sans doute est merveilleux. J'enrage
Lorsque j'entends tenir ces sortes de langage.

MARIANE.

Mon dieu! de quelle humeur, Dorine, tu te rends?
Tu ne compatis point aux déplaisirs des gens.

DORINE.

Je ne compatis point à qui dit des sornettes,
Et dans l'occasion mollit comme vous faites.

MARIANE.

Mais que veux-tu? si j'ai de la timidité...

DORINE.

Mais l'amour dans un cœur veut de la fermeté.

MARIANE.

Mais n'en gardé-je point pour les feux de Valère?
Et n'est-ce pas à lui de m'obtenir d'un père?

DORINE.

Mais quoi! si votre père est un bourru fieffé,
Qui s'est de son Tartuffe entierement coiffé,
Et manque à l'union qu'il avait arrêtée,
La faute à votre amant doit-elle être imputée?

MARIANE.

Mais, par un haut refus et d'eclatants mépris,
Ferai-je, dans mon choix, voir un cœur trop épris?

Sortirai je pour lui, quelque éclat dont il brille,
De la pudeur du sexe, et du devoir de fille?
Et veux-tu que mes feux par le monde étalés...?

DORINE.

Non, non, je ne veux rien. Je vois que vous voulez
Etre à monsieur Tartuffe : et j'aurais, quand j'y pense,
        pense,
Tort de vous détourner d'une telle alliance.
Quelle raison aurais je à combattre vos vœux?
Le parti de soi-même est fort avantageux.
Monsieur Tartuffe! oh! oh! n'est-ce rien qu'on
        propose?
Certes, monsieur Tartuffe, à bien prendre la chose,
N'est pas un homme, non, qui se mouche du pied :
Et ce n'est pas peu d'heur que d'être sa moitié.
Tout le monde déjà de gloire le couronne;
Il est noble chez lui, bien fait de sa personne;
Il a l'oreille rouge et le teint bien fleuri :
Vous vivrez trop contente avec un tel mari.

MARIANE.

Mon Dieu!...

DORINE.

        Quelle alégresse aurez-vous dans votre ame,
Quand d'un époux si beau vous vous verrez la
        femme!

MARIANE.

Ah! cesse, je te prie, un semblable discours;
Et contre cet hymen ouvre-moi du secours.
C'en est fait, je me rends, et suis prête à tout faire,

DORINE.

Non, il faut qu'une fille obéisse à son père,
Voulût-il lui donner un singe pour époux.
Votre sort est fort beau : de quo· vous plaignez-
    vous ?
Vous irez par le coche en sa petite ville,
Qu'en oncles et cousins vous trouverez fertile,
Et vous vous plairez fort à les entretenir.
D'abord chez le beau monde ou vous fera venir.
Vous irez visiter, pour votre bien-venue,
Madame la baillive et madame l'élue,
Qui d'un siége pliant vous feront honorer.
Là, dans le carnaval, vous pourrez espérer
Le bal et la grand'bande, à savoir, deux musettes,
Et par fois Fagotin et les marionnettes ;
Si pourtant votre époux...

MARIANE.

Ah! tu me fais mourir.
De tes conseils plutôt songe à me secourir.

DORINE.

Je suis votre servante.

MARIANE.

Hé! Dorine, de grâce...

DORINE.

Il faut pour vous punir que cette affaire passe.

MARIANE.

Ma pauvre fille !

DORINE.

Non.

MARIANE.

    Si mes vœux déclarés...

DORINE.

Point. Tartuffe est votre homme, et vous en tâ-
terez.

MARIANE.

Tu sais qu'à toi toujours je me suis confiée :
Fais-moi...

DORINE.

    Non, vous serez, ma foi, tartuffiée.

MARIANE.

Hé bien ! puisque mon sort ne saurait t'émouvoir,
Laisse-moi désormais toute à mon désespoir :
C'est de lui que mon cœur empruntera de l'aide ;
Et je sais de mes maux l'infaillible remède.

    (*Mariane veut s'en aller.*)

DORINE.

Hé ! là, là, revenez. Je quitte mon courroux.
Il faut nonobstant tout avoir pitié de vous.

MARIANE.

Vois-tu, si l'on m'expose à ce cruel martyre,
Je te le dis, Dorine, il faudra que j'expire.

DORINE.

Ne vous tourmentez point. On peut adroitement
Empêcher... Mais voici Valère, votre amant.

SCÈNE IV.

VALÈRE, MARIANE, DORINE.

VALÈRE.

On vient de débiter, madame, une nouvelle
Que je ne savais pas, et qui sans doute est belle.

MARIANE.

Quoi?

VALÈRE.

Que vous épousez Tartuffe.

MARIANE.

Il est certain
Que mon père s'est mis en tête ce dessein.

VALÈRE.

Votre père, madame !...

MARIANE.

A changé de visée :
La chose vient par lui de m'être proposée.

VALÈRE.

Quoi! sérieusement?

MARIANE.

Oui, sérieusement.
Il s'est pour cet hymen déclaré hautement.

VALÈRE.

Et quel est le dessein où votre ame s'arrête,
Madame?

MARIANE.

Je ne sais.

VALÈRE.
La réponse est honnête.

Vous ne savez?

MARIANE.
Non.

VALÈRE.
Non?

MARIANE.
Que me conseillez-vous?

VALÈRE.
Je vous conseille, moi, de prendre cet époux.

MARIANE.
Vous me le conseillez?

VALÈRE.
Oui.

MARIANE.
Tout de bon?

VALÈRE.
Sans doute.
Le choix est glorieux, et vaut bien qu'on l'écoute.

MARIANE.
Hé bien! c'est un conseil, monsieur, que je reçois.

VALÈRE.
Vous n'aurez pas grand'peine à le suivre, je crois.

MARIANE.
Pas plus qu'à le donner en a souffert votre ame.

VALÈRE.
Moi, je vous l'ai donné pour vous plaire, madame.

MARIANE.
Et moi, je le suivrai pour vous faire plaisir.

DORINE, *se retirant dans le fond du théátre.*
Voyons ce qui pourra de ceci réussir.

VALÈRE.
C'est donc ainsi qu'on aime? et c'était tromperie
Quand vous...

MARIANE.
Ne parlons point de cela, je vous prie.
Vous m'avez dit tout franc que je dois accepter
Celui que pour époux on me veut présenter:
Et je déclare, moi, que je prétends le faire,
Puisque vous m'en donnez le conseil salutaire.

VALERE.
Ne vous excusez point sur mes intentions.
Vous aviez pris déjà vos résolutions;
Et vous vous saisissez d'un prétexte frivole
Pour vous autoriser à manquer de parole.

MARIANE.
Il est vrai, c'est bien dit.

VALÈRE.
Sans doute; et votre cœur
N'a jamais eu pour moi de véritable ardeur.

MARIANE.
Hélas! permis à vous d'avoir cette pensée.

VALÈRE.
Oui, oui, permis à moi : mais mon ame offensée
Vous préviendra peut-être en un pareil dessein;
Et je sais où porter et mes vœux et ma main.

MARIANE.
Ah! je n'en doute point; et les ardeurs qu'excite
Le mérite...

VALÈRE.

Mon dieu ! laissons là le mérite ;
J'en ai fort peu, sans doute, et vous en faites foi.
Mais j'espère aux bontés qu'une autre aura pour moi
Et j'en sais de qui l'ame, à ma retraite ouverte,
Consentira sans honte à réparer ma perte.

MARIANE.

La perte n'est pas grande ; et de ce changement
Vous vous consolerez assez facilement,

VALÈRE.

J'y ferai mon possible ; et vous le pouvez croire.
Un cœur qui nous oublie engage notre gloire ;
Il faut à l'oublier mettre aussi tous nos soins :
Si l'on n'en vient à bout, on le doit feindre au
    moins ;
Et cette lâcheté jamais ne se pardonne,
De montrer de l'amour pour qui nous abandonne.

MARIANE.

Ce sentiment, sans doute, est noble et relevé.

VALERE.

Fort bien ; et d'un chacun il doit être approuvé.
Hé quoi ! vous voudriez qu'à jamais dans mon ame
Je gardasse pour vous les ardeurs de ma flamme,
Et vous visse, à mes yeux, passer en d'autres bras.
Sans mettre ailleurs un cœur dont vous ne voulez pas
 Au contraire ; pour moi, c'est ce que je souhaite :
Et je voudrais déjà que la chose fût faite.

MARIANE.

VALÈRE.

Vous le voudriez ?

MARIANE.

Oui.

VALÈRE.

C'est assez m'insulter,
Madame ; et, de ce pas, je vais vous contenter.
(*Il fait un pas pour s'en aller.*)

MARIANE.

Fort bien.

VALÈRE, *revenant.*

Souvenez-vous au moins que c'est vous-même
Qui contraignez mon cœur à cet effort extrême.

MARIANE.

Oui.

VALÈRE, *revenant encore.*

Et que le dessein que mon ame conçoit
N'est rien qu'à votre exemple.

MARIANE.

A mon exemple, soit.

VALÈRE, *en sortant.*

Suffit : vous allez être à point nommé servie.

MARIANE.

Tant mieux.

VALÈRE, *revenant encore.*

Vous me voyez, c'est pour toute ma vie.

MARIANE.

A la bonne heure.

VALÈRE, *se retournant lorsqu'il est prêt à sortir.*

Hé ?

MARIANE.

Quoi?

VALÈRE.

Ne m'appelez-vous pas ?

MARIANE.

Moi ! Vous rêvez.

VALÈRE.

Hé bien ! je poursuis donc mes pas.
Adieu, madame. (*Il s'en va lentement.*)

MARIANE.

Adieu, monsieur.

DORINE, *à Mariane.*

Pour moi, je pense
Que vous perdez l'esprit par cette extravagance;
Et je vous ai laissés tout du long quereller,
Pour voir où tout cela pourrait enfin aller.
Holà, seigneur Valère.

(*Elle arréte Valère par le bras.*)

VALÈRE, *feignant de résister.*

Hé ! que veux-tu, Dorine ?

DORINE.

Venez ici.

VALÈRE.

Non, non, le dépit me domine.
Ne me détourne point de ce qu'elle a voulu.

DORINE.

Arrêtez.

VALÈRE.

Non, vois tu, c'est un point résolu.

DORINE.

Ah !

MARIANE, *à part.*

Il souffre à me voir, ma présence le chasse
Et je ferai bien mieux de lui quitter la place.

DORINE, *quittant Valère, et courant apr*
Mariane.

A l'autre ! Où courez vous ?

MARIANE.

Laisse.

DORINE.

Il faut reve

MARIANE.

Non, non, Dorine; en vain tu me veux retenir.

VALÈRE, *à part.*

Je vois bien que ma vue est pour elle un supplice
Et, sans doute, il vaut mieux que je l'en affranchi

DORINE, *quittant Mariane, et courant apr*
Valère.

Encor ! Diantre soit fait de vous ! Si... je le ve
Cessez ce badinage; et venez çà tous deux.
(*Elle prend Valère et Mariane par la mai*
et les ramene.)

VALÈRE, *à Dorine.*

Mais quel est ton dessein ?

MARIANE, *à Dorine.*

Qu'est-ce que tu veux fai

DORINE.

Vous bien remettre ensemble, et vous tirer d'affa
(*-a Valere.*)

Etes-vous fou d'avoir un pareil démêlé ?

VALÈRE.

N'as tu pas entendu comme elle m'a parlé?

DORINE, *à Mariane.*

Etes-vous folle, vous, de vous être emportée?

MARIANE.

N'as-tu pas vu la chose, et comme il m'a traitée?

DORINE.

(*a Valère.*)

Sottise des deux parts. Elle n'a d'autre soin
Que de se conserver à vous, j'en suis témoin.
   (*à Mariane.*)
Il n'aime que vous seule, et n'a point d'autre envie
Que d'être votre époux, j'en réponds sur ma vie.

MARIANE, *à Valère.*

Pourquoi donc me donner un semblable conseil?

VALÈRE, *a Mariane.*

Pourquoi m'en demander sur un sujet pareil?

DORINE.

Vous êtes fous tous deux. Çà, la main l'un et l'autre.
   (*à Valere.*)
Allons, vous.

VALÈRE, *en donnant sa main à Dorine.*
          A quoi bon ma main?

DORINE, *à Mariane.*
                         Ah çà¹ la vôtre.

MARIANE, *en donnant aussi sa main.*

De quoi sert tout cela?

DORINE.
          Mon dieu! vîte, avancez.

3.

Vous vous aimez tous deux plus que vous ne pensez.

(*Valere et Mariane se tiennent quelque temps par la main sans se regarder.*)

VALÈRE, *se tournant vers Mariane.*

Mais ne faites donc point les choses avec peine;
Et regardez un peu les gens sans nulle haine.

(*Mariane se tourne du côté de Valère en lui souriant.*)

DORINE.

A vous dire le vrai, les amants sont bien fous !

VALÈRE, *à Mariane.*

Oh çã ! n'ai-je pas lieu de me plaindre de vous?
Et, pour n'en point mentir, n'êtes-vous pas mé-
chante
De vous plaire à me dire une chose affligeante?

MARIANE.

Mais vous, n'êtes-vous pas l'homme le plus ingrat...?

DORINE.

Pour une autre saison laissons tout ce débat,
Et songeons à parer ce fâcheux mariage.

MARIANE.

Dis-nous donc quels ressorts il faut mettre en usage.

DORINE.

Nous en ferons agir de toutes les façons.

(*à Mariane.*)   (*à Valère.*)

Votre père se moque; et ce sont des chansons.

(*à Mariane.*)

Mais, pour vous, il vaut mieux qu'à son extravagance
D'un doux consentement vous prêtiez l'apparence,

Afin qu'en cas d'alarme il vous soit plus aisé
De tirer en longueur cet hymen proposé.
En attrapant du temps, à tout on remédie.
Tantôt vous payerez de quelque maladie,
Qui viendra tout à coup, et voudra des délais;
Tantôt vous payerez de présages mauvais;
Vous aurez fait d'un mort la rencontre fâcheuse,
Cassé quelque miroir, ou songé d'eau bourbeuse :
Enfin, le bon de tout, c'est qu'à d'autres qu'à lui
On ne vous peut lier, que vous ne disiez oui.
Mais pour mieux réussir, il est bon, ce me semble,
Qu'on ne vous trouve point tous deux parlant en-
  semble.
  (*à Valère.*)
Sortez; et, sans tarder, employez vos amis
Pour vous faire tenir ce qu'on vous a promis.
  (*à Mariane.*)
Nous allons réveiller les efforts de son frère,
Et dans notre parti jeter la belle-mère.
Adieu.

            VALÈRE, *à Mariane.*

      Quelques efforts que nous préparions tous,
Ma plus grande espérance, à vrai dire, est en vous.

            MARIANE, *à Valère.*

Je ne vous réponds pas des volontés d'un père;
Mais je ne serai point à d'autre qu'à Valère.

            VALÈRE.

Que vous me comblez d'aise! Et quoi que puisse
  oser...

DORINE.

Ah! jamais les amants ne sont las de jaser.
Sortez, vous dis-je.

VALÈRE, *revenant sur ses pas.*

Enfin...

DORINE.

Quel caquet est le vôtre!
Tirez de cette part ; et vous, tirez de l'autre.
(*Dorine les pousse chacun par l'épaule, et les
oblige de se séparer.*)

FIN DU SECOND ACTE.

ACTE TROISIÈME.

SCÈNE I.

DAMIS, DORINE.

DAMIS.

Que la foudre, sur l'heure, acheve mes destins,
Qu'on me traite partout du plus grand des faquins,
S'il est aucun respect, ni pouvoir, qui m'arrête,
Et si je ne fais pas quelque coup de ma tête!

DORINE.

De grâce, modérez un tel emportement :
Votre pere n'a fait qu'en parler simplement.
On n'exécute pas tout ce qui se propose;
Et le chemin est long du projet à la chose.

DAMIS.

Il faut que de ce fat j'arrête les complots,
Et qu'à l'oreille un peu je lui dise deux mots.

DORINE.

Ah! tout doux! envers lui, comme envers votre père,
Laissez agir les soins de votre belle-mère.
Sur l'esprit de Tartuffe elle a quelque crédit;
Il se rend complaisant à tout ce qu'elle dit,
Et pourrait bien avoir douceur de cœur pour elle.
Plût à dieu qu'il fût vrai! la chose serait belle.
Enfin, votre intérêt l'oblige à le mander :

Sur l'hymen qui vous trouble elle veut le sonder,
Savoir ses sentiments, et lui faire connaître
Quels fâcheux démêlés il pourra faire naître,
S'il faut qu'à ce dessein il prête quelque espoir.
Son valet dit qu'il prie; et je n'ai pu le voir :
Mais ce valet m'a dit qu'il s'en allait descendre.
Sortez donc, je vous prie, et me laissez l'attendre.

DAMIS.

Je puis être présent à tout cet entretien.

DORINE.

Point. Il faut qu'ils soient seuls.

DAMIS.

Je ne lui dirai rien.

DORINE.

Vous vous moquez : on sait vos transports ordi-
naires;
Et c'est le vrai moyen de gâter les affaires.
Sortez.

DAMIS.

Non; je veux voir, sans me mettre en courroux.

DORINE.

Que vous êtes fâcheux! Il vient. Retirez-vous.

(*Damis va se cacher dans un cabinet qui est
au fond du théâtre.*)

SCÈNE II.

TARTUFFE, DORINE.

TARTUFFE, *parlant haut à son valet, qui est dans la maison, dès qu'il aperçoit Dorine.*

Laurent, serrez ma haire avec ma discipline,
Et priez que toujours le ciel vous illumine.
Si l'on vient pour me voir, je vais aux prisonniers
Des aumônes que j'ai partager les deniers.

DORINE, *à part.*

Que d'affectation et de forfanterie!

TARTUFFE.

Que voulez-vous?

DORINE.

Vous dire...

TARTUFFE, *tirant un mouchoir de sa poche.*

Ah! mon dieu! je vous prie,
Avant que de parler, prenez moi ce mouchoir.

DORINE.

Comment?

TARTUFFE.

Couvrez ce sein que je ne saurais voir.
Par de pareils objets les ames sont blessées,
Et cela fait venir de coupables pensées.

DORINE.

Vous êtes donc bien tendre à la tentation;
Et la chair sur vos sens fait grande impression!
Certes, je ne sais pas quelle chaleur vous monte:

Mais à convoiter, moi, je ne suis pas si prompte;
Et je vous verrais nu, du haut jusques en bas,
Que toute votre peau ne me tenterait pas.

TARTUFFE.

Mettez dans vos discours un peu de modestie,
Ou je vais sur-le champ vous quitter la partie.

DORINE.

Non, non, c'est moi qui vais vous laisser en repos,
Et je n'ai seulement qu'à vous dire deux mots.
Madame va venir dans cette salle basse,
Et d'un mot d'entretien vous demande la grace.

TARTUFFE.

Hélas! très-volontiers.

DORINE.

Comme il se radoucit!
Ma foi, je suis toujours pour ce que j'en ai dit.

TARTUFFE.

Viendra-t-elle bientôt?

DORINE.

Je l'entends, ce me semble.
Oui, c'est elle en personne, et je vous laisse ensemble.

SCÈNE III.

ELMIRE, TARTUFFE.

TARTUFFE.

Que le ciel à jamais, par sa toute bonté,
Et de l'ame et du corps vous donne la santé,
Et bénisse vos jours autant que le désire

Le plus humble de ceux que son amour inspire !
ELMIRE.
Je suis fort obligée à ce souhait pieux.
Mais prenons une chaise afin d'être un peu mieux.
TARTUFFE, *assis.*
Comment de votre mal vous sentez-vous remise ?
ELMIRE, *assise.*
Fort bien ; et cette fièvre a bientôt quitté prise.
TARTUFFE.
Mes prières n'ont pas le mérite qu'il faut
Pour avoir attiré cette grâce d'en haut ;
Mais je n'ai fait au ciel nulle dévote instance
Qui n'ait eu pour objet votre convalescence.
ELMIRE.
Votre zèle pour moi s'est trop inquiété.
TARTUFFE.
On ne peut trop chérir votre chere santé ;
Et, pour la rétablir, j'aurais donné la mienne.
ELMIRE.
C'est pousser bien avant la charité chrétienne ;
Et je vous dois beaucoup pour toutes ces bontés.
TARTUFFE.
Je fais bien moins pour vous que vous ne méritez.
ELMIRE.
J'ai voulu vous parler en secret d'une affaire,
Et suis bien aise ici qu'aucun ne nous éclaire.
ARTUFFE.
J'en suis ravi de même ; et sans doute il m'est doux,
Madame, de me voir seul à seul avec vous.
C'est une occasion qu'au ciel j'ai demandée,

Sans que, jusqu'à cette heure, il me l'ait accordée.
ELMIRE.
Pour moi, ce que je veux, c'est un mot d'entretien,
Où tout votre cœur s'ouvre, et ne me cache rien.
(*Damis, sans se montrer, entr'ouvre la porte du
cabinet dans lequel il s'était retiré, pour en-
tendre la conversation.*)
TARTUFFE.
Et je ne veux aussi, pour grâce singulière,
Que montrer à vos yeux mon ame toute entière,
Et vous faire serment que les bruits que j'ai faits
Des visites qu'ici reçoivent vos attraits,
Ne sont pas envers vous l'effet d'aucune haine,
Mais plutôt d'un transport de zèle qui m'entraîne,
Et d'un pur mouvement...
ELMIRE.
Je le prends bien aussi,
Et crois que mon salut vous donne ce souci.
TARTUFFE, *prenant la main d'Elmire, et lui
serrant les doigts.*
Oui, madame, sans doute ; et ma ferveur est telle...
ELMIRE.
Ouf! vous me serrez trop.
TARTUFFE.
C'est par excès de zèle.
De vous faire aucun mal je n'eus jamais dessein,
Et j'aurais bien plutôt...
(*Il met la main sur les genoux d'Elmire.*)
ELMIRE.
Que fait là votre main?

TARTUFFE.

Je tâte votre habit : l'étoffe en est moelleuse.

ELMIRE.

Ah! de grâce, laissez, je suis fort chatouilleuse.

(*Elmire recule son fauteuil, et Tartuffe se rapproche d'elle.*)

TARTUFFE, *maniant le fichu d'Elmire.*

Mon dieu! que de ce point l'ouvrage est merveil-
    leux¹
On travaille aujourd'hui d'un air miraculeux :
Jamais, en toute chose, on n'a vu si bien faire.

ELMIRE.

Il est vrai. Mais parlons un peu de notre affaire.
On tient que mon mari veut dégager sa foi,
Et vous donner sa fille. Est-il vrai? dites-moi.

TARTUFFE.

Il m'en a dit deux mots : mais, madame, à vrai
    dire,
Ce n'est pas le bonheur après quoi je soupire;
Et je vois autre part les merveilleux attraits
De la félicité qui fait tous mes souhaits.

ELMIRE.

C'est que vous n'aimez rien des choses de la terre.

TARTUFFE.

Mon sein n'enferme point un cœur qui soit de pierre.

ELMIRE.

Pour moi, je crois qu'au ciel tendent tous vos
    soupirs,
Et que rien ici bas n'arrête vos désirs.

TARTUFFE.

L'amour qui nous attache aux beautés éternelles
N'étouffe pas en nous l'amour des temporelles :
Nos sens facilement peuvent être charmés
Des ouvrages parfaits que le ciel a formés.
Ses attraits réfléchis brillent dans vos pareilles :
Mais il étale en vous ses plus rares merveilles ;
Il a sur votre face épanché des beautés
Dont les yeux sont surpris, et les cœurs trans-
     portés ;
Et je n'ai pu vous voir, parfaite créature,
Sans admirer en vous l'auteur de la nature,
Et d'un ardent amour sentir mon cœur atteint,
Au plus beau des portraits où lui-même s'est peint.
D'abord j'appréhendai que cette ardeur secrète
Ne fût du noir esprit une surprise adroite ;
Et même à fuir vos yeux mon cœur se résolut,
Vous croyant un obstacle à faire mon salut.
Mais enfin je connus, ô beauté tout aimable,
Que cette passion peut n'être point coupable,
Que je puis l'ajuster avecque la pudeur ;
Et c'est ce qui m'y fait abandonner mon cœur.
Ce m'est, je le confesse, une audace bien grande
Que d'oser de ce cœur vous adresser l'offrande ;
Mais j'attends en mes vœux tout de votre bonté,
Et rien des vains efforts de mon infirmité.
En vous est mon espoir, mon bien, ma quiétude,
De vous dépend ma peine ou ma béatitude ;
Et je vais être enfin, par votre seul arrêt,
Heureux, si vous voulez, malheureux, s'il vous plaît.

ELMIRE.

La déclaration est tout à fait galante ;
Mais elle est, à vrai dire, un peu bien surprenante.
Vous deviez, ce me semble, armer mieux votre sein,
Et raisonner un peu sur un pareil dessein.
Un dévôt comme vous, et que partout on nomme...

TARTUFFE.

Ah ! pour être dévot, je n'en suis pas moins homme :
Et lorsqu'on vient à voir vos célestes appas,
Un cœur se laisse prendre, et ne raisonne pas.
Je sais qu'un tel discours de moi paraît étrange :
Mais, madame, après tout, je ne suis pas un ange ;
Et, si vous condamnez l'aveu que je vous fais,
Vous devez vous en prendre à vos charmants attraits.
Dès que j'en vis briller la splendeur plus qu'humaine,
De mon intérieur vous fûtes souveraine ;
De vos regards divins l'ineffable douceur
Força la résistance où s'obstinait mon cœur ;
Elle surmonta tout, jeûne, prieres, larmes,
Et tourna tous mes vœux du côté de vos charmes.
Mes yeux et mes soupirs vous l'ont dit mille fois ;
Et, pour mieux m'expliquer, j'emploie ici la voix.
Que si vous contemplez, d'une ame un peu bénigne,
Les tribulations de votre esclave indigne ;
S'il faut que vos bontés veuillent me consoler,
Et jusqu'à mon néant daignent se ravaler ;
J'aurai toujours pour vous, ô suave merveille,
Une dévotion à nulle autre pareille.
Votre honneur avec moi ne court point de hasard,
Et n'a nulle disgrace à craindre de ma part.

3.   12

Tous ces galants de cour, dont les femmes sont
    folles,
Sont bruyants dans leurs faits et vains dans leurs
    paroles,
De leurs progrès sans cesse on les voit se targuer;
Ils n'ont point de faveurs qu'ils n'aillent divulguer;
Et leur langue indiscrète, en qui l'on se confie,
Déshonore l'autel où leur cœur sacrifie.
Mais les gens comme nous brûlent d'un feu discret,
Avec qui, pour toujours, on est sûr du secret.
Le soin que nous prenons de notre renommée
Répond de toute chose à la personne aimée;
Et c'est en nous qu'on trouve, acceptant notre cœur,
De l'amour sans scandale, et du plaisir sans peur.

ELMIRE.

Je vous écoute dire; et votre rhétorique
En termes assez forts à mon ame s'explique.
N'appréhendez-vous point que je ne sois d'humeur
A dire à mon mari cette galante ardeur,
Et que le prompt avis d'un amour de la sorte
Ne pût bien altérer l'amitie qu'il vous porte?

TARTUFFE.

Je sais que vous avez trop de bénignité,
Et que vous ferez grâce à ma témérité;
Que vous m'excuserez, sur l'humaine faiblesse,
Des violents transports d'un amour qui vous blesse,
Et considérerez, en regardant votre air,
Que l'on n'est pas aveugle, et qu'un homme est de
    chair.

ELMIRE.

D'autres prendraient cela d'autre façon peut être ;
Mais ma discrétion se veut faire paraître.
Je ne redirai point l'affaire à mon époux ;
Mais je veux, en revanche, une chose de vous :
C'est de presser tout franc, et sans nulle chicane,
L'union de Valère avecque Mariane,
De renoncer vous même à l'injuste pouvoir
Qui veut du bien d'un autre enrichir votre espoir ;
Et...

SCÈNE IV.

ELMIRE, DAMIS, TARTUFFE.

DAMIS, *sortant du cabinet où il s'était retiré.*

Non, madame, non ; ceci doit se répandre.
J'étais en cet endroit, d'où j'ai pu tout entendre ;
Et la bonté du ciel m'y semble avoir conduit
Pour confondre l'orgueil d'un traître qui me nuit,
Pour m'ouvrir une voie à prendre la vengeance
De son hypocrisie et de son insolence,
A détromper mon père, et lui mettre en plein jour
L'ame d'un scélérat qui vous parle d'amour.

ELMIRE.

Non, Damis ; il suffit qu'il se rende plus sage,
Et tâche à mériter la grâce où je m'engage.
Puisque je l'ai promis, ne m'en dédisez pas.
Ce n'est point mon humeur de faire des éclats ;
Une femme se rit de sottises pareilles,

Et jamais d'un mari n'en trouble les oreilles.

DAMIS.

Vous avez vos raisons pour en user ainsi;
Et pour faire autrement j'ai les miennes aussi.
Le vouloir épargner est une raillerie;
Et l'insolent orgueil de sa cagoterie
N'a triomphé que trop de mon juste courroux,
Et que trop excité de désordres chez nous.
Le fourbe trop long-temps a gouverné mon père,
Et desservi mes feux avec ceux de Valère.
Il faut que du perfide il soit désabusé;
Et le ciel pour cela m'offre un moyen aisé.
De cette occasion je lui suis redevable,
Et, pour la négliger, elle est trop favorable:
Ce serait mériter qu'il me la vînt ravir
Que de l'avoir en main et ne m'en pas servir.

ELMIRE.

Damis...

DAMIS.

Non, s'il vous plaît, il faut que je me croie.
Mon ame est maintenant au comble de sa joie;
Et vos discours en vain prétendent m'obliger
A quitter le plaisir de me pouvoir venger.
Sans aller plus avant, je vais vider l'affaire;
Et voici justement de quoi me satisfaire.

SCÈNE V.

ORGON, ELMIRE, DAMIS, TARTUFFE.

DAMIS.

Nous allons régaler, mon pere, votre abord
D'un incident tout frais qui vous surprendra fort.
Vous êtes bien payé de toutes vos caresses,
Et monsieur d'un beau prix reconnaît vos ten-
    dresses.
Son grand zèle pour vous vient de se déclarer :
Il ne va pas à moins qu'à vous déshonorer ;
Et je l'ai surpris là qui faisait à madame
L'injurieux aveu d'une coupable flamme.
Elle est d'une humeur douce, et son cœur trop dis-
    cret
Voulait à toute force en garder le secret ;
Mais je ne puis flatter une telle impudence,
Et crois que vous la taire est vous faire une of-
    fense.

ELMIRE.

Oui, je tiens que jamais de tous ces vains propos
On ne doit d'un mari traverser le repos ;
Que ce n'est point de là que l'honneur peut dé
    pendre ;
Et qu'il suffit pour nous de savoir nous défendre.
Ce sont mes sentiments ; et vous n'auriez rien dit,
Damis, si j'avais eu sur vous quelque crédit.

SCÈNE VI.

ORGON, DAMIS, TARTUFFE.

ORGON.

Ce que je viens d'entendre, ô ciel! est il croyable?

TARTUFFE.

Oui, mon frère, je suis un méchant, un coupable,
Un malheureux pécheur, tout plein d'iniquité,
Le plus grand scélérat qui jamais ait été.
Chaque instant de ma vie est chargé de souillures,
Elle n'est qu'un amas de crimes et d'ordures;
Et je vois que le ciel, pour ma punition,
Me veut mortifier en cette occasion.
De quelque grand forfait qu'on me puisse reprendre,
Je n'ai garde d'avoir l'orgueil de m'en défendre.
Croyez ce qu'on vous dit, armez votre courroux,
Et comme un criminel chassez moi de chez vous;
Je ne saurais avoir tant de honte en partage,
Que je n'en aie encore mérite davantage.

ORGON, *à son fils.*

Ah! traître, oses-tu bien, par cette fausseté,
Vouloir de sa vertu ternir la pureté?

DAMIS.

Quoi! la feinte douceur de cette ame hypocrite
Vous fera démentir...

ORGON.

Tais-toi, peste maudite.

TARTUFFE.

Ah ! laissez le parler ; vous l'accusez à tort ,
Et vous ferez bien mieux de croire à son rapport.
Pourquoi sur un tel fait m'être si favorable ?
Savez vous, après tout, de quoi je suis capable ?
Vous fiez-vous, mon frere, à mon extérieur ?
Et, pour tout ce qu'on voit, me croyez-vous meil-
    leur ?
Non, non : vous vous laissez tromper à l'apparence ;
Et je ne suis rien moins, hélas ! que ce qu'on pense.
Tout le monde me prend pour un homme de bien ;
Mais la vérité pure est que je ne vaux rien.
    (s'adressant à Damis.)
Oui, mon cher fils, parlez ; traitez-moi de perfide,
D'infâme, de perdu, de voleur, d'homicide ,
Accablez-moi de noms encor plus détestés :
Je n'y contredis point, je les ai mérités ;
Et j'en veux à genoux souffrir l'ignominie,
Comme une honte due aux crimes de ma vie.

ORGON.

    (à Tartuffe.)   (à son fils.)
Mon frère, c'en est trop. Ton cœur ne se rend point,
Traître ?

DAMIS.

Quoi ! ses discours vous séduiront au point...

ORGON.

    (relevant Tartuffe.)
Tais-toi, pendard. Mon frère, hé ! levez-vous, de
    grâce !

(*à son fils.*)
Infâme !

DAMIS.
Il peut...

ORGON.
Tais toi.

DAMIS.
J'enrage. Quoi ! je passe...

ORGON.
Si tu dis un seul mot, je te romprai les bras.

TARTUFFE.
Mon frère, au nom de Dieu, ne vous emportez pas !
J'aimerais mieux souffrir la peine la plus dure,
Qu'il eût reçu pour moi la moindre égratignure.

ORGON, *à son fils.*
Ingrat !

TARTUFFE.
Laissez-le en paix. S'il faut, à deux genoux,
Vous demander sa grâce...

ORGON, *se jetant aussi à genoux, et embrassant Tartuffe.*
Hélas ! vous moquez-vous ?

(*à son fils.*)
Coquin, vois sa bonté !

DAMIS.
Donc...

ORGON.
Paix.

DAMIS.
Quoi ! je...

ORGON.

Paix, dis-je.

Je sais bien quel motif à l'attaquer t'oblige.
Vous le haissez tous ; et je vois aujourd'hui
Femme, enfants, et valets, déchaînés contre lui.
On met impudemment toute chose en usage
Pour ôter de chez moi ce dévot personnage :
Mais plus on fait d'efforts afin de l'en bannir,
Plus j'en veux employer à l'y mieux retenir,
Et je vais me hâter de lui donner ma fille,
Pour confondre l'orgueil de toute ma famille.

DAMIS.

A recevoir sa main on pense l'obliger ?

ORGON.

Oui, traître, et dès ce soir, pour vous faire enrager.
Ah ! je vous brave tous, et vous ferai connaître
Qu'il faut qu'on m'obéisse, et que je suis le maître.
Allons, qu'on se rétracte ; et qu'à l'instant, fripon,
On se jette à ses pieds pour demander pardon.

DAMIS.

Qui ? moi ! de ce coquin, qui par ses impostures...

ORGON.

Ah ! tu résistes, gueux, et lui dis des injures !

(a Tartuffe.)

Un bâton ! un bâton ! ne me retenez pas.

(à son fils.)

Sus ; que de ma maison on sorte de ce pas,
Et que d'y revenir on n'ait jamais l'audace.

DAMIS.

Oui, je sortirai ; mais...

ORGON.

                      Vîte, quittons la place.
Je te prive, pendard, de ma succession,
Et te donne, de plus, ma malédiction.

SCÈNE VII.

ORGON, TARTUFFE.

ORGON.

Offenser de la sorte une sainte personne !

TARTUFFE.

O ciel, pardonne-lui comme je lui pardonne.
  (à Orgon.)
Si vous pouviez savoir avec quel déplaisir
Je vois qu'envers mon frère on tâche à me noircir...

ORGON.

Hélas !

TARTUFFE.

    Le seul penser de cette ingratitude
Fait souffrir à mon ame un supplice si rude...
L'horreur que j'en conçois... J'ai le cœur si serré
Que je ne puis parler et crois que j'en mourrai.

ORGON, courant tout en larmes à la porte par
        où il a chassé son fils.

Coquin, je me repens que ma main t'ait fait grâce,
Et ne t'ait pas d'abord assommé sur la place.
  (à Tartuffe.)
Remettez-vous, mon frère, et ne vous fâchez pas.

TARTUFFE.

Rompons, rompons le cours de ces fâcheux débats.
Je regarde céans quels grands troubles j'apporte,
Et crois qu'il est besoin, mon frère, que j'en sorte.

ORGON.

Comment! vous moquez-vous?

TARTUFFE.

                              On m'y hait, et je voi
Qu'on cherche à vous donner des soupçons de ma foi.

ORGON.

Qu'importe? Voyez-vous que mon cœur les écoute?

TARTUFFE.

On ne manquera pas de poursuivre, sans doute;
Et ces mêmes rapports qu'ici vous rejetez
Peut-être une autre fois seront ils écoutés,

ORGON.

Non, mon frère, jamais.

TARTUFFE.

                        Ah! mon frère, une femme
Aisément d'un mari peut bien surprendre l'ame.

ORGON.

Non, non.

TARTUFFE.

          Laissez-moi vîte, en m'éloignant d'ici,
Leur ôter tout sujet de m'attaquer ainsi.

ORGON.

Non, vous demeurerez; il y va de ma vie.

TARTUFFE.

Hé bien! il faudra donc que je me mortifie.
Pourtant si vous vouliez...

ORGON.

Ah!

TARTUFFE.

Soit : n'en parlons plus
Mais je sais comme il faut en user là-dessus.
L'honneur est délicat, et l'amitié m'engage
A prévenir les bruits et les sujets d'ombrage.
Je fuirai votre épouse, et vous ne me verrez...

ORGON.

Non, en dépit de tous vous la fréquenterez.
Faire enrager le monde est ma plus grande joie;
Et je veux qu'à toute heure avec elle on vous voie
Ce n'est pas tout encor : pour les mieux braver tous
Je ne veux point avoir d'autre héritier que vous;
Et je vais, de ce pas, en fort bonne manière,
Vous faire de mon bien donation entière.
Un bon et franc ami, que pour gendre je prends,
M'est bien plus cher que fils, que femme, et que
      parents.
N'accepterez-vous pas ce que je vous propose?

TARTUFFE.

La volonté du ciel soit faite en toute chose!

ORGON.

Le pauvre homme! Allons vîte en dresser un écrit
Et que puisse l'envie en crever de dépit!

FIN DU TROISIÈME ACTE.

ACTE QUATRIÈME.

SCÈNE I.

CLÉANTE, TARTUFFE.

CLÉANTE.

Oui, tout le monde en parle, et vous m'en pou-
    vez croire.
L'éclat que fait ce bruit n'est point à votre gloire;
Et je vous ai trouvé, monsieur, fort à propos,
Pour vous en dire net ma pensée en deux mots.
Je n'examine point à fond ce qu'on expose;
Je passe là dessus, et prends au pis la chose.
Supposons que Damis n'en ait pas bien usé,
Et que ce soit à tort qu'on vous ait accusé,
N'est-il pas d'un chrétien de pardonner l'offense,
Et d'éteindre en son cœur tout désir de vengeance?
Et devez-vous souffrir, pour votre démêlé,
Que du logis d'un père un fils soit exilé?
Je vous le dis encore, et parle avec franchise,
Il n'est petit ni grand qui ne s'en scandalise;
Et, si vous m'en croyez, vous pacifierez tout,
Et ne pousserez point les affaires à bout.
Sacrifiez à Dieu toute votre colère,
Et remettez le fils en grâce avec le père.

3.   '3.

TARTUFFE.

Hélas ! je le voudrais, quant à moi, de bon cœur;
Je ne garde pour lui, monsieur, aucune aigreur;
Je lui pardonne tout; de rien je ne le blâme,
Et voudrais le servir du meilleur de mon ame :
Mais l'intérêt du ciel n'y saurait consentir;
Et, s'il rentre céans, c'est à moi d'en sortir.
Après son action, qui n'eut jamais d'égale,
Le commerce entre nous porterait du scandale :
Dieu sait ce que d'abord tout le monde en croirait!
A pure politique on me l'imputerait :
Et l'on dirait partout que, me sentant coupable,
Je feins pour qui m'accuse un zèle charitable;
Que mon cœur l'appréhende, et veut le ménager
Pour le pouvoir, sous main, au silence engager.

CLÉANTE.

Vous nous payez ici d'excuses colorées,
Et toutes vos raisons, monsieur, sont trop tirées.
Des intérêts du ciel pourquoi vous chargez-vous?
Pour punir le coupable a-t-il besoin de nous?
Laissez-lui, laissez-lui le soin de ses vengeances :
Ne songez qu'au pardon qu'il prescrit des offenses;
Et ne regardez point aux jugements humains,
Quand vous suivez du ciel les ordres souverains.
Quoi! le faible intérêt de ce qu'on pourra croire
D'une bonne action empêchera la gloire!
Non, non; faisons toujours ce que le ciel prescrit,
Et d'aucun autre soin ne nous brouillons l'esprit.

TARTUFFE.

Je vous ai déjà dit que mon cœur lui pardonne;

Et c'est faire, monsieur, ce que le ciel ordonne :
Mais, après le scandale et l'affront d'aujourd'hui,
Le ciel n'ordonne pas que je vive avec lui.

CLÉANTE.

Et vous ordonne-t-il, monsieur, d'ouvrir l'oreille
A ce qu'un pur caprice à son père conseille,
Et d'accepter le don qui vous est fait d'un bien
Où le droit vous oblige à ne prétendre rien ?

TARTUFFE.

Ceux qui me connaîtront n'auront pas la pensée
Que ce soit un effet d'une ame intéressée.
Tous les biens de ce monde ont pour moi peu
      d'appas ;
De leur éclat trompeur je ne m'éblouis pas :
Et si je me resous à recevoir du père
Cette donation qu'il a voulu me faire,
Ce n'est, à dire vrai, que parce que je crains
Que tout ce bien ne tombe en de méchantes mains ;
Qu'il ne trouve des gens qui, l'ayant en partage,
En fassent dans le monde un criminel usage,
Et ne s'en servent pas, ainsi que j'ai dessein,
Pour la gloire du ciel et le bien du prochain.

CLÉANTE.

Hé ! monsieur, n'ayez point ces délicates craintes,
Qui d'un juste héritier peuvent causer les plaintes.
Souffrez, sans vous vouloir embarrasser de rien,
Qu'il soit, à ses périls, possesseur de son bien ;
Et songez qu'il vaut mieux encor qu'il en mésuse,
Que si de l'en frustrer il faut qu'on vous accuse.
J'admire seulement que, sans confusion,

Vous en ayez souffert la proposition.
Car enfin le vrai zèle a-t-il quelque maxime
Qui montre à dépouiller l'héritier légitime?
Et, s'il faut que le ciel dans votre cœur ait mis
Un invincible obstacle à vivre avec Damis,
Ne vaudrait-il pas mieux qu'en personne discrète
Vous fissiez de céans une honnête retraite,
Que de souffrir ainsi, contre toute raison,
Qu'on en chasse pour vous le fils de la maison?
Croyez moi, c'est donner de votre prud'hommie,
Monsieur...

TARTUFFE.

Il est, monsieur, trois heures et demie:
Certain devoir pieux me demande là haut,
Et vous m'excuserez de vous quitter sitôt.

CLÉANTE, *seul.*

Ah!

SCÈNE II.

ELMIRE, MARIANE, CLÉANTE, DORINE.

DORINE, *à Cléante.*

De grâce avec nous employez-vous pour elle,
Monsieur: son ame souffre une douleur mortelle;
Et l'accord que son pere a conclu pour ce soir
La fait à tous moments entrer en désespoir.
Il va venir. Joignons nos efforts, je vous prie,
Et tâchons d'ébranler, de force ou d'industrie,
Ce malheureux dessein qui nous a tous troublés.

SCÈNE III.

ORGON, ELMIRE, MARIANE, CLÉANTE, DORINE.

ORGON.

Ah! je me réjouis de vous voir assemblés.
   (*à Mariane.*)
Je porte en ce contrat de quoi vous faire rire,
Et vous savez déjà ce que cela veut dire.

MARIANE, *aux genoux d'Orgon.*

Mon père, au nom du ciel qui connaît ma douleur,
Et partout ce qui peut émouvoir votre cœur,
Relâchez vous un peu des droits de la naissance,
Et dispensez mes vœux de cette obéissance.
Ne me réduisez point, par cette dure loi,
Jusqu'à me plaindre au ciel de ce que je vous doi;
Et cette vie, hélas! que vous m'avez donnée,
Ne me la rendez pas, mon père, infortunée.
Si, contre un doux espoir que j'avais pu former,
Vous me défendez d'être à ce que j'ose aimer;
Au moins par vos bontés, qu'à vos genoux j'im-
   plore,
Sauvez moi du tourment d'être à ce que j'abhorre;
Et ne me portez point à quelque désespoir,
En vous servant sur moi de tout votre pouvoir.

ORGON, *se sentant attendrir.*

Allons, ferme, mon cœur! point de faiblesse hu
   maine!

MARIANE.

Vos tendresses pour lui ne me font point de peine ;
Faites les éclater, donnez lui votre bien,
Et, si ce n'est assez, joignez y tout le mien ;
J'y consens de bon cœur, et je vous l'abandonne :
Mais, au moins, n'allez pas jusques à ma personne ;
Et souffrez qu'un couvent dans les austérités
Use les tristes jours que le ciel m'a comptés.

ORGON.

Ah ! voilà justement de mes religieuses,
Lorsqu'un père combat leurs flammes amoureuses !
Debout. Plus votre cœur répugne à l'accepter,
Plus ce sera pour vous matière à mériter.
Mortifiez vos sens avec ce mariage,
Et ne me rompez pas la tête davantage.

DORINE.

Mais quoi !...

ORGON.

Taisez-vous, vous. Parlez à votre écot.
Je vous défends, tout net, d'oser dire un seul mot.

CLÉANTE.

Si par quelque conseil vous souffrez qu'on réponde...

ORGON.

Mon frère, vos conseils sont les meilleurs du monde ;
Ils sont bien raisonnés, et j'en fais un grand cas :
Mais vous trouverez bon que je n'en use pas.

ELMIRE, *à Orgon.*

A voir ce que je vois, je ne sais plus que dire ;
Et votre aveuglement fait que je vous admire.
C'est être bien coiffé, bien prévenu de lui,

Que de nous démentir sur le fait d'aujourd'hui!

ORGON.

Je suis votre valet, et crois les apparences.
Pour mon frippon de fils je sais vos complaisances;
Et vous avez eu peur de le désavouer
Du trait qu'à ce pauvre homme il a voulu jouer.
Vous étiez trop tranquille, enfin, pour être crue,
Et vous auriez paru d'autre manière émue.

ELMIRE.

Est-ce qu'au simple aveu d'un amoureux transport
Il faut que notre honneur se gendarme si fort?
Et ne peut-on répondre à tout ce qui le touche,
Que le feu dans les yeux, et l'injure à la bouche?
Pour moi, de tels propos je me ris simplement;
Et l'éclat, là-dessus, ne me plaît nullement.
J'aime qu'avec douceur nous nous montrions sages;
Et ne suis point du tout pour ces prudes sauvages
Dont l'honneur est armé de griffes et de dents,
Et veut, au moindre mot, dévisager les gens.
Me préserve le ciel d'une telle sagesse!
Je veux une vertu qui ne soit point diablesse,
Et crois que d'un refus la discrète froideur
N'en est pas moins puissante à rebuter un cœur.

ORGON.

Enfin, je sais l'affaire, et ne prends point le change.

ELMIRE.

J'admire, encore un coup, cette faiblesse étrange:
Mais que me répondrait votre incrédulité
Si je vous faisais voir qu'on vous dit vérité?

ORGON.

Voir !

ELMIRE.

Oui.

ORGON.

Chansons.

ELMIRE.

Mais quoi ! si je trouvais manière
De vous le faire voir avec pleine lumière...?

ORGON.

Contes en l'air.

ELMIRE.

Quel homme ! Au moins, répondez-moi.
Je ne vous parle pas de nous ajouter foi ;
Mais supposons ici que, d'un lieu qu'on peut prendre,
On vous fît clairement tout voir et tout entendre,
Que diriez-vous alors de votre homme de bien ?

ORGON.

En ce cas je dirais que... Je ne dirais rien,
Car cela ne se peut.

ELMIRE.

L'erreur trop long-temps dure,
Et c'est trop condamner ma bouche d'imposture.
Il faut que, par plaisir, et sans aller plus loin,
De tout ce qu'on vous dit je vous fasse témoin.

ORGON.

Soit. Je vous prends au mot. Nous verrons votre
    adresse,
Et comment vous pourrez remplir cette promesse.

ELMIRE, *à Dorine.*

Faites-le moi venir.

DORINE, *à Elmire.*

Son esprit est rusé,
Et peut être à surprendre il sera mal-aisé.

ELMIRE, *à Dorine.*

Non; on est aisément dupé par ce qu'on aime,
Et l'amour propre engage à se tromper soi-même.

(*à Cléante et à Mariane.*)

Faites-le moi descendre. Et vous, retirez-vous.

SCÈNE IV.

ELMIRE, ORGON.

ELMIRE.

Approchons cette table, et vous mettez dessous.

ORGON.

Comment!

ELMIRE.

Vous bien cacher est un point nécessaire.

ORGON.

Pourquoi sous cette table?

ELMIRE.

Ah! mon dieu! laissez faire;
J'ai mon dessein en tête, et vous en jugerez.
Mettez-vous là, vous dis-je; et quand vous y serez,
Gardez qu'on ne vous voie et qu'on ne vous entende!

ORGON.

Je confesse qu'ici ma complaisance est grande :

Mais de votre entreprise il vous faut voir sortir.

ELMIRE.

Vous n'aurez, que je crois, rien à me répartir.

  (*à Orgon, qui est sous la table.*)

Au moins, je vais toucher une étrange matière,

Ne vous scandalisez en aucune manière.

Quoi que je puisse dire, il doit m'être permis ;

Et c'est pour vous convaincre, ainsi que j'ai prom]

Je vais par des douceurs, puisque j'y suis réduite,

Faire poser le masque à cette ame hypocrite,

Flatter de son amour les désirs effrontés,

Et donner un champ libre à ses témérités.

Comme c'est pour vous seul, et pour mieux

   confondre,

Que mon ame à ses vœux va feindre de répondr

J'aurai lieu de cesser des que vous vous rendrez

Et les choses n'iront que jusqu'où vous voudrez.

C'est à vous d'arrêter son ardeur insensée,

Quand vous croirez l'affaire assez avant poussée,

D'épargner votre femme, et de ne m'exposer

Qu'à ce qu'il vous faudra pour vous désabuser.

Ce sont vos intérêts, vous en serez le maître,

Et... L'on vient. Tenez vous, et gardez de paraît

SCÈNE V.

TARTUFFE, ELMIRE; ORGON
sous la table.

TARTUFFE.

On m'a dit qu'en ce lieu vous me vouliez parler

ELMIRE.

Oui, l'on a des secrets à vous y révéler.
Mais tirez cette porte avant qu'on vous les dise.
Et regardez partout, de crainte de surprise.
      (*Tartuffe va fermer la porte, et revient.*)
Une affaire pareille à celle de tantôt
N'est pas assurément ici ce qu'il nous faut :
Jamais il ne s'est vu de surprise de même.
Damis m'a fait pour vous une frayeur extrême ;
Et vous avez bien vu que j'ai fait mes efforts
Pour rompre son dessein et calmer ses transports.
Mon trouble, il est bien vrai, m'a si fort possédée,
Que de le démentir je n'ai point eu l'idée ;
Mais par-là, grâce au ciel, tout a bien mieux été,
Et les choses en sont en plus de sûreté.
L'estime où l'on vous tient a dissipé l'orage,
Et mon mari de vous ne peut prendre d'ombrage.
Pour mieux braver l'éclat des mauvais jugements,
Il veut que nous soyons ensemble à tous moments ;
Et c'est par où je puis, sans peur d'être blâmée,
Me trouver ici seule avec vous enfermée,
Et ce qui m'autorise à vous ouvrir un cœur
Un peu trop prompt peut-être à souffrir votre ar-
      deur.

TARTUFFE.

Ce langage à comprendre est assez difficile,
Madame, et vous parliez tantôt d'un autre style.

ELMIRE.

Ah ! si d'un tel refus vous êtes en courroux,
Que le cœur d'une femme est mal connu de vous '

Et que vous savez peu ce qu'il veut faire entendre
Lorsque si faiblement on le voit se défendre!   .
Toujours notre pudeur combat, dans ces moments,
Ce qu'on peut nous donner de tendres sentiments.
Quelque raison qu'on trouve à l'amour qui nous
        dompte,
On trouve à l'avouer toujours un peu de honte.
On s'en défend d'abord : mais de l'air qu'on s'y
        prend
On fait connaître assez que notre cœur se rend;
Qu'à nos vœux, par honneur, notre bouche s'oppose,
Et que de tels refus permettent toute chose.
C'est vous faire, sans doute, un assez libre aveu,
Et sur notre pudeur me ménager bien peu.
Mais, puisque la parole enfin en est lâchée,
A retenir Damis me serais je attachée,
Aurais-je, je vous prie, avec tant de douceur
Ecouté tout au long l'offre de votre cœur,
Aurais-je pris la chose ainsi qu'on m'a vu faire,
Si l'offre de ce cœur n'eût eu de quoi me plaire?
Et lorsque j'ai voulu moi même vous forcer
A refuser l'hymen qu'on venait d'annoncer,
Qu'est ce que cette instance a dû vous faire entendre,
Que l'intérêt qu'en vous on s'avise de prendre.
Et l'ennui qu'on aurait que ce nœud qu'on résout
Vint partager du moins un cœur que l'on veut tout?

TARTUFFE.

C'est, sans doute, madame, une douceur extrême
Que d'entendre ces mots d'une bouche qu'on aime;
Leur miel dans tous mes sens fait couler à longs traits

Une suavité qu'on ne goûta jamais.
Le bonheur de vous plaire est ma suprême étude,
Et mon cœur de vos vœux fait sa béatitude;
Mais ce cœur vous demande ici la liberté
D'oser douter un peu de sa félicité.
Je puis croire ces mots un artifice honnête
Pour m'obliger à rompre un hymen qui s'apprête;
Et, s'il faut librement m'expliquer avec vous,
Je ne me fierai point à des propos si doux,
Qu'un peu de vos faveurs, après quoi je soupire,
Ne vienne m'assurer tout ce qu'ils m'ont pu dire,
Et planter dans mon ame une constante foi
Des charmantes bontés que vous avez pour moi.

ELMIRE, *après avoir toussé pour avertir son mari.*

Quoi! vous voulez aller avec cette vîtesse,
Et d'un cœur tout d'abord épuiser la tendresse?
On se tue à vous faire un aveu des plus doux;
Cependant ce n'est pas encore assez pour vous?
Et l'on ne peut aller jusqu'à vous satisfaire,
Qu'aux dernières faveurs on ne pousse l'affaire?

TARTUFFE.

Moins on mérite un bien, moins on l'ose espérer.
Nos vœux sur des discours ont peine à s'assurer.
On soupçonne aisément un sort tout plein de gloire,
Et l'on veut en jouir avant que de le croire.
Pour moi, qui crois si peu mériter vos bontés,
Je doute du bonheur de mes témérités;
Et je n'en croirai rien, que vous n'ayez, madame,
Par des réalités, su convaincre ma flamme.

3. 14

ELMIRE.

Mon dieu! que votre amour en vrai tyran agit!
Et qu'en un trouble étrange il me jette l'esprit!
Que sur les cœurs il prend un furieux empire!
Et qu'avec violence il veut ce qu'il désire!
Quoi! de votre poursuite on ne peut se parer,
Et vous ne donnez pas le temps de respirer?
Sied-il bien de tenir une rigueur si grande,
De vouloir sans quartier les choses qu'on demand
Et d'abuser ainsi, par vos efforts pressants,
Du faible que pour vous vous voyez qu'ont les gen

TARTUFFE.

Mais si d'un œil benin vous voyez mes hommage
Pourquoi m'en refuser d'assures témoignages?

ELMIRE.

Mais comment consentir à ce que vous voulez,
Sans offenser le ciel, dont toujours vous parlez?

TARTUFFE.

Si ce n'est que le ciel qu'à mes vœux on oppose,
Lever un tel obstacle est à moi peu de chose;
Et cela ne doit point retenir votre cœur.

ELMIRE.

Mais des arrêts du ciel on nous fait tant de peur

TARTUFFE.

Je puis vous dissiper ces craintes ridicules,
Madame, et je sais l'art de lever les scrupules.
Le ciel défend, de vrai, certains contentements;
Mais on trouve avec lui des accommodements.
Selon divers besoins, il est une science
D'étendre les liens de notre conscience,

Et de rectifier le mal de l'action
Avec la pureté de notre intention.
De ces secrets, madame, on saura vous instruire;
Vous n'avez seulement qu'à vous laisser conduire.
Contentez mon désir, et n'ayez point d'effroi;
Je vous réponds de tout, et prends le mal sur moi.
　(*Elmire tousse plus fort.*)
Vous toussez fort, madame.

ELMIRE.

　　　　　Oui, je suis au supplice.

TARTUFFE.

Vous plaît il un morceau de ce jus de réglisse?

ELMIRE.

C'est un rhume obstiné, sans doute; et je vois bien
Que tous les jus du monde ici ne feront rien.

TARTUFFE.

Cela, certe, est fâcheux.

ELMIRE.

　　　　　Oui, plus qu'on ne peut dire.

TARTUFFE.

Enfin, votre scrupule est facile à détruire.
Vous êtes assurée ici d'un plein secret,
Et le mal n'est jamais que dans l'éclat qu'on fait.
Le scandale du monde est ce qui fait l'offense,
Et ce n'est pas pécher que pécher en silence.

ELMIRE, *après avoir encore toussé et frappé*
sur la table.

Enfin je vois qu'il faut se résoudre à céder;
Qu'il faut que je consente a vous tout accorder;
Et qu'à moins de cela je ne dois point prétendre

Qu'on puisse être content, et qu'on veuille se rendre.
Sans doute il est fâcheux d'en venir jusques-là,
Et c'est bien malgré moi que je franchis cela;
Mais, puisque l'on s'obstine à m'y vouloir réduire,
Puisqu'on ne veut point croire à tout ce qu'on peut
    dire,
Et qu'on veut des témoins qui soient plus convain-
    cants,
Il faut bien s'y résoudre, et contenter les gens.
Si ce contentement porte en soi quelque offense,
Tant pis pour qui me force à cette violence;
La faute assurément n'en doit point être à moi.

TARTUFFE.

Oui, madame, on s'en charge; et la chose de soi...

ELMIRE.

Ouvrez un peu la porte, et voyez, je vous prie,
Si mon mari n'est point dans cette galerie.

TARTUFFE.

Qu'est-il besoin pour lui du soin que vous prenez!
C'est un homme, entre nous, à mener par le nez.
De tous nos entretiens il est pour faire gloire,
Et je l'ai mis au point de voir tout sans rien croire.

ELMIRE.

Il n'importe. Sortez, je vous prie, un moment;
Et par-tout là dehors voyez exactement.

SCÈNE VI.

ORGON, ELMIRE.

ORGON, *sortant de dessous la table.*

Voilà, je vous l'avoue, un abominable homme !
Je n'en puis revenir, et tout ceci m'assomme.

ELMIRE.

Quoi ! vous sortez sitôt ! Vous vous moquez des gens.
Rentrez sous le tapis, il n'est pas encor temps ;
Attendez jusqu'au bout pour voir les choses sûres,
Et ne vous fiez point aux simples conjectures.

ORGON.

Non, rien de plus méchant n'est sorti de l'enfer.

ELMIRE.

Mon dieu ! l'on ne doit point croire trop de léger.
Laissez - vous bien convaincre avant que de vous
    rendre ;
Et ne vous hâtez pas, de peur de vous méprendre.

(*Elmire fait mettre Orgon derrière elle.*)

SCÈNE VII.

TARTUFFE, ELMIRE, ORGON.

TARTUFFE, *sans voir Orgon.*

Tout conspire, madame, à mon contentement.
J'ai visité de l'œil tout cet appartement ;

1 4.

Personne ne s'y trouve; et mon ame ravie...

(*Dans le temps que Tartuffe s'avance, les bras
ouverts, pour embrasser Elmire, elle se retire,
et Tartuffe aperçoit Orgon.*)

ORGON, *arrêtant Tartuffe.*

Tout doux ! vous suivez trop votre amoureuse envie,
Et vous ne devez pas vous tant passionner.
Ah ! ah ! l'homme de bien, vous m'en vouliez donner!
Comme aux tentations s'abandonne votre ame !
Vous épousiez ma fille, et convoitiez ma femme!
J'ai douté fort longtemps que ce fût tout de bon,
Et je croyais toujours qu'on changerait de ton :
Mais c'est assez avant pousser le témoignage;
Je m'y tiens, et n'en veux, pour moi, pas davantage.

ELMIRE, *à Tartuffe.*

C'est contre mon humeur que j'ai fait tout ceci;
Mais on m'a mise au point de vous traiter ainsi.

TARTUFFE, *à Orgon.*

Quoi! vous croyez... ?

ORGON.

Allons, point de bruit, je vous prie.
Dénichons de céans, et sans cérémonie.

TARTUFFE.

Mon dessein...

ORGON.

Ces discours ne sont plus de saison.
Il faut, tout sur-le-champ, sortir de la maison.

TARTUFFE.

C'est à vous d'en sortir, vous qui parlez en maître :

La maison m'appartient, je le ferai connaître,
Et vous montrerai bien qu'en vain on a recours,
Pour me chercher querelle, à ces lâches détours;
Qu'on n'est pas où l'on pense en me faisant injure;
Que j'ai de quoi confondre et punir l'imposture,
Venger le ciel qu'on blesse, et faire repentir
Ceux qui parlent ici de me faire sortir.

SCÈNE VIII.

ELMIRE, ORGON.

ELMIRE.

Quel est donc ce langage? et qu'est-ce qu'il veut
    dire?

ORGON.

Ma foi, je suis confus, et n'ai pas lieu de rire.

ELMIRE.

Comment?

ORGON.

    Je vois ma faute, aux choses qu'il me dit;
Et la donation m'embarrasse l'esprit.

ELMIRE.

La donation !

ORGON.

    Oui. C'est une affaire faite.
Mais j'ai quelque autre chose encor qui m'inquiète.

ELMIRE.

Et quoi?

ORGON.

Vous saurez tout. Mais voyons au plutôt
Si certaine cassette est encore là-haut.

FIN DU QUATRIÈME ACTE.

ACTE CINQUIÈME.

SCÈNE I.

ORGON, CLÉANTE.

CLÉANTE.

Où voulez-vous courir?

ORGON.

Las ! que sais-je ?

CLÉANTE.

Il me semble
Que l'on doit commencer par consulter ensemble
Les choses qu'on peut faire en cet événement.

ORGON.

Cette cassette là me trouble entièrement.
Plus que le reste encore, elle me désespère.

CLÉANTE.

Cette cassette est donc un important mystere ?

ORGON.

C'est un dépôt qu'Argas, cet ami que je plains,
Lui-même en grand secret m'a mis entre les mains.
Pour cela dans sa fuite il me voulut élire;
Et ce sont des papiers, à ce qu'il m'a pu dire,
Où sa vie et ses biens se trouvent attachés.

CLÉANTE.

Pourquoi donc les avoir en d'autres mains lâchés ?

ORGON.

Ce fut par un motif de cas de conscience.
J'allai droit à mon traître en faire confidence;
Et son raisonnement me vint persuader
De lui donner plutôt la cassette à garder,
Afin que pour nier, en cas de quelque enquête,
J'eusse d'un faux fuyant la faveur toute prête,
Par où ma conscience eût pleine sûreté
A faire des serments contre la vérité.

CLÉANTE.

Vous voilà mal, au moins si j'en crois l'apparence;
Et la donation, et cette confidence,
Sont, à vous en parler selon mon sentiment,
Des démarches par vous faites légerement.
On peut vous mener loin avec de pareils gages :
Et cet homme sur vous ayant ces avantages,
Le pousser est encor grande imprudence à vous,
Et vous deviez chercher quelque biais plus doux.

ORGON.

Quoi ! sur un beau semblant de ferveur si touchante
Cacher un cœur si double, une ame si méchante !
Et moi, qui l'ai recu gueusant et n'ayant rien...
C'en est fait, je renonce à tous les gens de bien;
J'en aurai désormais une horreur effroyable,
Et m'en vais devenir pour eux pire qu'un diable.

CLÉANTE.

Hé bien! ne voilà pas de vos emportements!
Vous ne gardez en rien les doux tempéraments.
Dans la droite raison jamais n'entre la vôtre;
Et toujours d'un excès vous vous jetez dans l'autre.

Vous voyer votre erreur, et vous avez connu
Que par un zèle feint vous étiez prévenu ;
Mais pour vous corriger quelle raison demande
Que vous alliez passer dans une erreur plus grande,
Et qu'avecque le cœur d'un perfide vaurien
Vous confondiez les cœurs de tous les gens de bien ?
Quoi ! parce qu'un fripon vous dupe avec audace
Sous le pompeux éclat d'une austère grimace,
Vous voulez que par-tout on soit fait comme lui,
Et qu'aucun vrai dévot ne se trouve aujourd'hui ?
Laissez aux libertins ces sottes conséquences :
Démêlez la vertu d'avec ses apparences,
Ne hasardez jamais votre estime trop tôt,
Et soyez pour cela dans le milieu qu'il faut.
Gardez vous, s'il se peut, d'honorer l'imposture :
Mais au vrai zèle aussi n'allez pas faire injure ;
Et s'il vous faut tomber dans une extrémité,
Péchez plutôt encor de cet autre côté.

SCÈNE II.

ORGON, CLÉANTE, DAMIS.

DAMIS.

Quoi ! mon père, est il vrai qu'un coquin vous
        menace ;
Qu'il n'est point de bienfait qu'en son ame il n'efface ;
Et que son lâche orgueil, trop digne de courroux,
Se fait de vos bontés des armes contre vous ?

ORGON.

Oui, mon fils; et j'en sens des douleurs nompareilles.

DAMIS.

Laissez-moi, je lui veux couper les deux oreilles.
Contre son insolence on ne doit point gauchir :
C'est à moi tout d'un coup de vous en affranchir;
Et pour sortir d'affaire il faut que je l'assomme.

CLÉANTE.

Voilà tout justement parler en vrai jeune homme.
Modérez, s'il vous plaît, ces transports éclatants.
Nous vivons sous un règne et sommes dans un temps
Où par la violence on fait mal ses affaires.

SCÈNE III.

MADAME PERNELLE, ORGON, ELMIRE, CLEANTE, MARIANE, DAMIS, DORINE.

MADAME PERNELLE.

Qu'est-ce? J'apprends ici de terribles mystères!

ORGON.

Ce sont des nouveautés dont mes yeux sont témoins,
Et vous voyez le prix dont sont payés mes soins.
Je recueille avec zèle un homme en sa misère,
Je le loge, et le tiens comme mon propre frère;
De bienfaits chaque jour il est par moi chargé;
Je lui donne ma fille et tout le bien que j'ai :
Et, dans le même temps, le perfide, l'infame,
Tente le noir dessein de suborner ma femme;

Et, non content encor de ses lâches essais,
Il m'ose menacer de mes propres bienfaits,
Et veut, à ma ruine, user des avantages
Dont le viennent d'armer mes bontés trop peu sages,
Me chasser de mes biens où je l'ai transféré,
Et me réduire au point d'où je l'ai retiré !

DORINE.

Le pauvre homme !

MADAME PERNELLE.

               Mon fils, je ne puis du tout croire
Qu'il ait voulu commettre une action si noire.

ORGON.

Comment !

MADAME PERNELLE.

          Les gens de bien sont enviés toujours.

ORGON.

Que voulez-vous donc dire avec votre discours,
Ma mère ?

MADAME PERNELLE.

          Que chez vous on vit d'étrange sorte,
Et qu'on ne sait que trop la haine qu'on lui porte.

ORGON.

Qu'a cette haine à faire avec ce qu'on vous dit ?

MADAME PERNELLE.

Je vous l'ai dit cent fois quand vous étiez petit :
La vertu dans le monde est toujours poursuivie,
Les envieux mourront, mais non jamais l'envie.

ORGON.

Mais que fait ce discours aux choses d'aujourd'hui ?

MADAME PERNELLE.

On vous aura forgé cent sots contes de lui,

ORGON.

Je vous ai dit déjà que j'ai vu tout moi-même.

MADAME PERNELLE.

Des esprits médisants la malice est extrême.

ORGON.

Vous me feriez damner, ma mère. Je vous di
Que j'ai vu de mes yeux un crime si hardi.

MADAME PERNELLE.

Les langues ont toujours du venin à répandre ;
Et rien n'est ici bas qui s'en puisse defendre.

ORGON.

C'est tenir un propos de sens bien dépourvu.
Je l'ai vu, dis je, vu, de mes propres yeux vu,
Ce qu'on appelle vu. Faut-il vous le rebattre
Aux oreilles cent fois, et crier comme quatre ?

MADAME PERNELLE.

Mon dieu ! le plus souvent l'apparence déçoit :
Il ne faut pas toujours juger sur ce qu'on voit.

ORGON.

J'enrage !

MADAME PERNELLE.

      Aux faux soupçons la nature est sujette,
Et c'est souvent à mal que le bien s'interprete.

ORGON.

Je dois interpréter à charitable soin
Le désir d'embrasser ma femme !

MADAME PERNELLE.

               Il est besoin

Pour accuser les gens d'avoir de justes causes;
Et vous deviez attendre a vous voir sûr des choses.

ORGON.

Hé! diantre! le moyen de m'en assurer mieux?
Je devais donc, ma mère, attendre qu'à mes yeux
Il eût... Vous me feriez dire quelque sottise.

MADAME PERNELLE.

Enfin d'un trop pur zele on voit son ame éprise;
Et je ne puis du tout me mettre dans l'esprit
Qu'il ait voulu tenter les choses que l'on dit.

ORGON.

Allez, je ne sais pas, si vous n'étiez ma mère,
Ce que je vous dirai, tant je suis en colère.

DORINE, à Orgon.

Juste retour, monsieur, des choses d'ici bas :
Vous ne vouliez point croire, et l'on ne vous croit
        pas.

CLÉANTE.

Nous perdons des moments en bagatelles pures,
Qu'il faudrait employer à prendre des mesures.
Aux menaces du fourbe on doit ne dormir point.

DAMIS.

Quoi! son effronterie irait jusqu'à ce point?

ELMIRE.

Pour moi, je ne crois pas cette instance possible,
Et son ingratitude est ici trop visible.

CLÉANTE, à Orgon.

Ne vous y fiez pas; il aura des ressorts
Pour donner contre vous raison à ses efforts;
Et sur moins que cela le poids d'une cabale

Embarrasse les gens dans un fâcheux dédale.
Je vous le dis encore : armé de ce qu'il a,
Vous ne deviez jamais le pousser jusques-là.

ORGON.

Il est vrai ; mais qu'y faire ? A l'orgueil de ce traître,
De mes ressentiments je n'ai pas été maître.

CLÉANTE.

Je voudrais de bon cœur qu'on pût entre vous deux
De quelque ombre de paix raccommoder les nœuds.

ELMIRE.

Si j'avais su qu'en main il a de telles armes,
Je n'aurais pas donné matière à tant d'alarmes ;
Et mes...

ORGON, à Dorine, voyant entrer M. Loyal.

Que veut cet homme ? Allez tôt le savoir.
Je suis bien en état que l'on me vienne voir !

SCÈNE IV.

ORGON, MADAME PERNELLE, ELMIRE, MARIANE, DAMIS, CLEANTE, DORINE, M. LOYAL.

M. LOYAL, à Dorine dans le fond du théâtre.

Bon jour, ma chère sœur ; faites, je vous supplie,
Que je parle à monsieur.

DORINE.

Il est en compagnie ;
Et je doute qu'il puisse à présent voir quelqu'un.

M. LOYAL.
Je ne suis pas pour être en ces lieux importun.
Mon abord n'aura rien, je crois, qui lui déplaise;
Et je viens pour un fait dont il sera bien aise.

DORINE.
Votre nom ?

M. LOYAL.
Dites-lui seulement que je vien
De la part de monsieur Tartuffe, pour son bien.

DORINE, *à Orgon.*
C'est un homme qui vient, avec douce maniere,
De la part de monsieur Tartuffe, pour affaire
Dont vous serez, dit-il, bien aise.

CLÉANTE, *à Orgon.*
Il vous faut voir
Ce que c'est que cet homme, et ce qu'il peut vouloir.

ORGON, *à Cléante.*
Pour nous raccommoder il vient ici peut-être :
Quels sentiments aurai je à lui faire paraître?

CLÉANTE.
Votre ressentiment ne doit point éclater ;
Et s'il parle d'accord, il le faut écouter.

M. LOYAL, *à Orgon.*
Salut, monsieur. Le ciel perde qui vous veut nuire,
Et vous soit favorable autant que je désire !

ORGON, *bas, à Cléante.*
Ce doux début s'accorde avec mon jugement,
Et presage déjà quelque accommodement.

M. LOYAL.
Toute votre maison m'a toujours été chère,

Et j'étais serviteur de monsieur votre père.

ORGON.

Monsieur, j'ai grande honte et demande pardon
D'être sans vous connaître ou savoir votre nom.

M. LOYAL.

Je m'appelle Loyal, natif de Normandie,
Et suis huissier à verge, en dépit de l'envie.
J'ai, depuis quarante ans, grâce au ciel, le bonheur
D'en exercer la charge avec beaucoup d'honneur,
Et je vous viens, monsieur, avec votre licence,
Signifier l'exploit de certaine ordonnance...

ORGON.

Quoi! vous êtes ici...

M. LOYAL.

Monsieur, sans passion.
Ce n'est rien seulement qu'une sommation,
Un ordre de vider d'ici, vous et les vôtres,
Mettre vos meubles hors, et faire place à d'autres,
Sans délai ni remise, ainsi que besoin est.

ORGON.

Moi! sortir de céans?

M. LOYAL.

Oui, monsieur, s'il vous plaît.
La maison à présent, comme savez de reste,
Au bon monsieur Tartuffe appartient sans conteste.
De vos biens désormais il est maître et seigneur,
En vertu d'un contrat duquel je suis porteur.
Il est en bonne forme, et l'on n'y peut rien dire.

DAMIS, à M. Loyal.

Certes, cette impudence est grande, et je l'admire.

M. LOYAL, *à Damis.*

Monsieur, je ne dois point avoir affaire à vous;
  (*montrant Orgon.*)
C'est à monsieur; il est et raisonnable et doux,
Et d'un homme de bien il sait trop bien l'office
Pour se vouloir du tout opposer à justice.

ORGON.

Mais...

M. LOYAL.

    Oui, monsieur, je sais que pour un million
Vous ne voudriez pas faire rébellion,
Et que vous souffrirez en honnête personne
Que j'exécute ici les ordres qu'on me donne.

DAMIS.

Vous pourriez bien ici sur votre noir jupon,
Monsieur l'huissier à verge, attirer le bâton.

M. LOYAL, *à Orgon.*

Faites que votre fils se taise ou se retire,
Monsieur. J'aurais regret d'être obligé d'écrire,
Et de vous voir couché dans mon procès-verbal.

DORINE, *à part.*

Ce monsieur Loyal porte un air bien déloyal.

M. LOYAL.

Pour tous les gens de bien j'ai de grandes tendresses,
Et ne me suis voulu, monsieur, charger des pièces
Que pour vous obliger et vous faire plaisir;
Que pour ôter par là le moyen d'en choisir
Qui, n'ayant pas pour vous le zèle qui me pousse,
Auraient pu procéder d'une façon moins douce.

ORGON.

Et que peut-on de pis que d'ordonner aux gens
De sortir de chez eux ?

M. LOYAL.

On vous donne du temps ;
Et jusques à demain je ferai surséance
A l'exécution, monsieur, de l'ordonnance.
Je viendrai seulement passer ici la nuit,
Avec dix de mes gens, sans scandale et sans bruit.
Pour la forme, il faudra, s'il vous plaît, qu'on
    m'apporte,
Avant que se coucher, les clefs de votre porte.
J'aurai soin de ne pas troubler votre repos,
Et de ne rien souffrir qui ne soit à propos.
Mais demain, du matin, il vous faut être habile
A vider de céans jusqu'au moindre ustensile ;
Mes gens vous aideront ; et je les ai pris forts
Pour vous faire service à tout mettre dehors.
On n'en peut pas user mieux que je fais, je pense,
Et, comme je vous traite avec grande indulgence,
Je vous conjure aussi, monsieur, d'en user bien,
Et qu'au dû de ma charge on ne me trouble en rien.

ORGON, *à part.*

Du meilleur de mon cœur je donnerais sur l'heure
Les cent plus beaux louis de ce qui me demeure,
Et pouvoir, à plaisir, sur ce mufle asséner
Le plus grand coup de poing qui se puisse donner.

CLÉANTE, *bas, à Orgon.*

Laissez, ne gâtons rien.

DAMIS
                        A cette audace étrange
J'ai peine à me tenir, et la main me démange.

DORINE.
Avec un si bon dos, ma foi, monsieur Loyal,
Quelques coups de bâton ne vous siéraient pas mal.

M. LOYAL.
On pourrait bien punir ces paroles infâmes,
Ma mie; et l'on décrète aussi contre les femmes.

CLÉANTE, à M. Loyal.
Finissons tout cela, monsieur; c'en est assez.
Donnez tôt ce papier, de grâce, et nous laissez.

M. LOYAL.
Jusqu'au revoir. Le ciel vous tienne tous en joie!

ORGON.
Puisse-t-il te confondre, et celui qui t'envoie!

SCÈNE V.

ORGON, MADAME PERNELLE, ELMIRE, CLÉANTE, MARIANE, DAMIS, DORINE.

ORGON.
Hé bien! vous le voyez, ma mere, si j'ai droit;
Et vous pouvez juger du reste par l'exploit.
Ses trahisons enfin vous sont elles connues?

MADAME PERNELLE.
Je suis tout ébaubie, et je tombe des nues.

DORINE, à Orgon.
Vous vous plaignez à tort, à tort vous le blâmez,
Et ses pieux desseins par-là sont confirmés.
Dans l'amour du prochain sa vertu se consomme:

Il sait que très-souvent les biens corrompent l'homme,
Et par charité pure il veut vous enlever
Tout ce qui vous peut faire obstacle à vous sauver.

ORGON.

Taisez-vous. C'est le mot qu'il vous faut toujours dire.

CLÉANTE, à Orgon.

Allons voir quel conseil on doit vous faire élire.

ELMIRE.

Allez faire éclater l'audace de l'ingrat.
Ce procédé détruit la vertu du contrat;
Et sa déloyauté va paraître trop noire
Pour souffrir qu'il en ait le succès qu'on veut croire.

SCÈNE VI.

VALÈRE, ORGON, MADAME PERNELLE, ELMIRE, CLÉANTE, MARIANE, DAMIS, DORINE.

VALÈRE.

Avec regret, monsieur, je viens vous affliger;
Mais je m'y vois contraint par le pressant danger.
Un ami, qui m'est joint d'une amitié fort tendre,
Et qui sait l'intérêt qu'en vous j'ai lieu de prendre,
A violé pour moi par un pas délicat
Le secret que l'on doit aux affaires d'état,
Et me vient envoyer un avis dont la suite
Vous réduit au parti d'une soudaine fuite.
Le fourbe qui long-temps a pu vous imposer
Depuis une heure au prince a su vous accuser,

Et remettre en ses mains, dans les traits qu'il vous
    jette,
D'un criminel d'état l'importante cassette,
Dont, au mépris, dit il, du devoir d'un sujet,
Vous avez conservé le coupable secret.
J'ignore le détail du crime qu'on vous donne :
Mais un ordre est donné contre votre personne ;
Et lui-même est chargé, pour mieux l'exécuter,
D'accompagner celui qui vous doit arrêter.

CLEANTE.

Voilà ses droits armés, et c'est par où le traître
De vos biens qu'il prétend cherche à se rendre
    maître.

ORGON.

L'homme est, je vous l'avoue, un méchant animal !

VALÈRE.

Le moindre amusement vous peut être fatal.
J'ai, pour vous emmener, mon carrosse à la porte,
Avec mille louis qu'ici je vous apporte.
Ne perdons point de temps : le trait est foudroyant ;
Et ce sont de ces coups que l'on pare en fuyant.
A vous mettre en lieu sûr je m'offre pour conduite,
Et veux accompagner jusqu'au bout votre fuite.

ORGON.

Las ! que ne dois-je point à vos soins obligeants !
Pour vous en rendre grâce il faut un autre temps ;
Et je demande au ciel de m'être assez propice
Pour reconnaître un jour ce généreux service.
Adieu : prenez le soin, vous autres...

CLEANTE.

                Allez tôt ;

Nous songerons, mon frère, à faire ce qu'il faut.

SCÈNE VII.

TARTUFFE, UN EXEMPT, MADAME
PERNELLE, ORGON, ELMIRE,
CLÉANTE, MARIANE, DAMIS,
VALÈRE, DORINE.

TARTUFFE, *arrêtant Orgon.*

Tout beau, monsieur, tout beau, ne courez point
si vîte :
Vous n'irez pas fort loin pour trouver votre gîte;
Et de la part du prince on vous fait prisonnier.

ORGON.

Traître, tu me gardais ce trait pour le dernier :
C'est le coup, scélérat, par où tu m'expédies ;
Et voilà couronner toutes tes perfidies.

TARTUFFE.

Vos injures n'ont rien à me pouvoir aigrir ;
Et je suis, pour le ciel, appris à tout souffrir.

CLÉANTE.

La modération est grande, je l'avoue.

DAMIS.

Comme du ciel l'infâme impudemment se joue!

TARTUFFE.

Tous vos emportements ne sauraient m'émouvoir;
Et je ne songe à rien qu'à faire mon devoir.

MARIANE.

Vous avez de ceci grande gloire à prétendre ;
Et cet emploi pour vous èst fort honnête à prendre.

TARTUFFE.

emploi ne saurait être que glorieux

Quand il part du pouvoir qui m'envoie en ces lieux.

ORGON.

Mais t'es-tu souvenu que ma main charitable,
Ingrat, t'a retiré d'un état misérable?

TARTUFFE.

Oui, je sais quels secours j'en ai pu recevoir;
Mais l'intérêt du prince est mon premier devoir.
De ce devoir sacré la juste violence
Etouffe dans mon cœur toute reconnaissance;
Et je sacrifierais à de si puissants nœuds
Ami, femme, parents, et moi-même avec eux.

ELMIRE.

L'imposteur!

DORINE.

Comme il sait, de traîtresse manière,
Se faire un beau manteau de tout ce qu'on révère!

CLÉANTE.

Mais s'il est si parfait que vous le déclarez,
Ce zèle qui vous pousse et dont vous vous parez,
D'où vient que pour paraître il s'avise d'attendre
Qu'à poursuivre sa femme il ait su vous surprendre,
Et que vous ne songez à l'aller dénoncer
Que lorsque son honneur l'oblige à vous chasser?
Je ne vous parle point, pour devoir en distraire,
Du don de tout son bien qu'il venait de vous faire;
Mais, le voulant traiter en coupable aujourd'hui,
Pourquoi consentiez-vous à rien prendre de lui?

TARTUFFE, à l'exempt.

Délivrez-moi, monsieur, de la criaillerie;
Et daignez accomplir votre ordre, je vous prie.

3.   16

L'EXEMPT.

Oui, c'est trop demeurer, sans doute, à l'accomplir;
Votre bouche à propos m'invite à le remplir :
Et, pour l'exécuter, suivez-moi tout-à-l'heure
Dans la prison qu'on doit vous donner pour demeure.

TARTUFFE.

Qui? moi, monsieur?

L'EXEMPT.

Oui, vous.

TARTUFFE.

Pourquoi donc la prison?

L'EXEMPT.

Ce n'est pas vous à qui j'en veux rendre raison.
  (à Orgon.)
Remettez-vous, monsieur, d'une alarme si chaude.
Nous vivons sous un prince ennemi de la fraude,
Un prince dont les yeux se font jour dans les cœurs,
Et que ne peut tromper tout l'art des imposteurs.
D'un fin discernement sa grande ame pourvue
Sur les choses toujours jette une droite vue;
Chez elle jamais rien ne surprend trop d'accès,
Et sa ferme raison ne tombe en nul excès.
Il donne aux gens de bien une gloire immortelle;
Mais sans aveuglement il fait briller ce zèle,
Et l'amour pour les vrais ne ferme point son cœur
A tout ce que les faux doivent donner d'horreur.
Celui-ci n'était pas pour le pouvoir surprendre,
Et de piéges plus fins on le voit se défendre.
D'abord il a percé, par ses vives clartés,
Des replis de son cœur toutes les lâchetés.

Venant vous accuser, il s'est trahi lui même,
Et, par un juste trait de l'équité suprême,
S'est découvert au prince un fourbe renommé,
Dont sous un autre nom il était informé;
Et c'est un long détail d'actions toutes noires
Dont on pourrait former des volumes d'histoires.
Ce monarque, en un mot, a vers vous détesté
Sa lâche ingratitude et sa déloyauté;
A ses autres horreurs il a joint cette suite,
Et ne m'a jusqu'ici soumis à sa conduite
Que pour voir l'impudence aller jusques au bout,
Et vous faire par lui faire raison de tout.
Oui, de tous vos papiers, dont il se dit le maître,
Il veut qu'entre vos mains je dépouille le traître.
D'un souverain pouvoir, il brise les liens
Du contrat qui lui fait un don de tous vos biens,
Et vous pardonne enfin cette offense secrète
Où vous a d'un ami fait tomber la retraite;
Et c'est le prix qu'il donne au zèle qu'autrefois
On vous vit témoigner en appuyant ses droits,
Pour montrer que son cœur sait, quand moins on
    y pense,
D'une bonne action verser la recompense;
Que jamais le mérite avec lui ne perd rien;
Et que, mieux que du mal, il se souvient du bien.

DORINE.

Que le ciel soit loué!

MADAME PERNELLE.

Maintenant je respire.

ELMIRE.

Favorable succès!

MARIANE.

Qui l'aurait osé dire?

ORGON, *à Tartuffe que l'exempt emmène.*

Hé bien! te voilà, traître!...

SCÈNE VIII.

MADAME PERNELLE, ORGON, ELMIRE, MARIANE, CLÉANTE, DAMIS, VALÈRE, DORINE.

CLÉANTE.

Ah! mon frère, arrêtez,
Et ne descendez point à des indignités.
A son mauvais destin laissez un misérable,
Et ne vous joignez point au remords qui l'accable.
Souhaitez bien plutôt que son cœur en ce jour,
Au sein de la vertu fasse un heureux retour;
Qu'il corrige sa vie en détestant son vice,
Et puisse du grand prince adoucir la justice;
Tandis qu'à sa bonté vous irez, à genoux,
Rendre ce que demande un traitement si doux.

ORGON.

Oui, c'est bien dit. Allons à ses pieds avec joie
Nous louer des bontés que son cœur nous déploie:
Puis, acquittés un peu de ce premier devoir,
Aux justes soins d'un autre il nous faudra pourvoir,
Et par un doux hymen couronner en Valère
La flamme d'un amant généreux et sincère.

FIN DU TOME TROISIÈME.

www.ingramcontent.com/pod-product-compliance
Lightning Source LLC
Chambersburg PA
CBHW070418090426
42733CB00009B/1708